汽车类专业工学结合规划教材

汽车发动机电子控制技术

主　审　吴文民

主　编　祁　平　刘言强

副主编　程训锋　左　婷　庄　旭

苏州大学出版社

内 容 简 介

本教材是遵照教育部高职高专教材建设的要求,从人才培养目标的实际出发,紧紧围绕培养高等技术应用型人才的要求编写的。主要内容包括:发动机电控系统认知、汽油机空气供给系统检修、汽油机燃油供给系统检修、汽油机燃油喷射电子控制系统检修、汽油机电控点火系统检修、汽油机辅助控制系统检修、电控汽油机综合故障诊断与排除等。

本教材图文并茂、深入浅出、通俗易懂,可作为高职高专院校汽车类专业的教材,也可供汽车类专业培训和汽车维修技术人员使用。

图书在版编目(CIP)数据

汽车发动机电子控制技术 / 祁平,刘言强主编.
—苏州:苏州大学出版社,2018.12
汽车类专业工学结合规划教材
ISBN 978-7-5672-2715-6

Ⅰ.①汽⋯ Ⅱ.①祁⋯ ②刘⋯ Ⅲ.①汽车—发动机—电子控制—控制系统—高等职业教育—教材 Ⅳ.①U464

中国版本图书馆 CIP 数据核字(2018)第 288813 号

书　　名:	汽车发动机电子控制技术
主　　编:	祁　平　刘言强
责任编辑:	徐　来
装帧设计:	吴　钰
出版发行:	苏州大学出版社(Soochow University Press)
社　　址:	苏州市十梓街1号　邮编:215006
网　　址:	www.sudapress.com
电子邮箱:	sdcbs@suda.edu.cn
印　　装:	苏州工业园区美柯乐制版印务有限责任公司
邮购热线:	0512-67480030
网店地址:	https://szdxcbs.tmall.com/(天猫旗舰店)
开　　本:	787mm×1092mm　1/16　印张:10.75　字数:262千
版　　次:	2018年12月第1版
印　　次:	2018年12月第1次印刷
书　　号:	ISBN 978-7-5672-2715-6
定　　价:	29.00元

凡购本社图书发现印装错误,请与本社联系调换。服务热线:0512-65225020

前言

本教材是遵照教育部高职高专教材建设的要求,从人才培养目标的实际出发,紧紧围绕培养高等技术应用型人才的要求编写的。本教材的编写坚持"以就业为导向,以全面素质为基础,以能力为本位"的宗旨,突出高职高专为生产一线培养技术型管理人才的教学特点,以突出实践能力的培养为原则,精心组织相关内容,力求简明扼要、突出重点,以适应社会发展需要,使其更具有针对性、实用性和可读性,努力突出高职教材的特点。

本教材在结构组织方面,以项目为教学主线,通过设计不同的项目,巧妙地将知识点和技能训练融于各个项目之中。教学内容以"必需"与"够用"为度,将知识点做了较为精密的整合,由浅入深、循序渐进,强调实用性、可操作性和可选择性。

本教材将理论教学与技能训练有机结合,以实验与实训场所作为教学平台,采用项目教学法完成课程的理论实践一体化教学,通过教、学、练的紧密结合,突出了学生实际操作能力、设计能力和创新能力的培养和提高,真正体现了职业教育的特点。

本教材的主要内容包括:发动机电控系统认知、汽油机空气供给系统检修、汽油机燃油供给系统检修、汽油机燃油喷射电子控制系统检修、汽油机电控点火系统检修、汽油机辅助控制系统检修、电控汽油机综合故障诊断与排除等。

本书提供丰富的数字化资源,可登录苏州大学出版社教育资源平台(http://www.sudajy.com)下载,也可直接到苏州大学出版社门户网站下载中心(http://www.sudapress.com/Pages/ResourceCenter.aspx)下载。

本教材由祁平、刘言强担任主编,由程训锋、左婷、庄旭担任副主编,参加编写的人员还有苏州莲池环保科技发展有限公司董事长孟晓辉、昆山康威汽车服务有限公司总经理周耀文。

全书由吴文民主审,在写作过程中还得到了领导和相关部门的大力帮助和支持,在此表示感谢。

本教材在编写时参阅了许多国内外公开出版与发表的关于汽车发动机电子控制技术的著作、文献,在此谨向原作者表示衷心的感谢。

限于编者的经历和水平,内容难以覆盖全国各地的实际情况,也难免有不妥和错误之处,恳请读者提出宝贵意见,以便再版修订时改正。

目 录

项目一 发动机电控系统认知 ·· 001
　　任务　发动机电控系统结构认知 ································ 001

项目二 汽油机空气供给系统检修 ···································· 012
　　任务　空气供给系统认知及检修 ································ 012

项目三 汽油机燃油供给系统检修 ···································· 019
　　任务一　燃油供给系统认知 ···································· 019
　　任务二　燃油供给系统检修 ···································· 030

项目四 汽油机燃油喷射电子控制系统检修 ···························· 037
　　任务一　燃油喷射电子控制系统认知 ···························· 037
　　任务二　电子控制系统主要元件检修 ···························· 050

项目五 汽油机电控点火系统检修 ···································· 085
　　任务一　点火系统认知 ·· 085
　　任务二　点火系统检修 ·· 099

项目六 汽油机辅助控制系统检修 ···································· 110
　　任务一　怠速控制系统检修 ···································· 110
　　任务二　进气增压系统检修 ···································· 122
　　任务三　可变气门正时系统检修 ································ 132
　　任务四　排放控制系统检修 ···································· 142

项目七 电控汽油机综合故障诊断与排除 ······························ 157
　　任务　故障自诊断系统认知 ···································· 157

项目一 发动机电控系统认知

项目描述

现代汽车技术是现代高科技迅速发展的集中体现,它实际上是机械、电子、计算机、控制工程、材料工程、生物工程和信息技术等多学科技术交叉的产物。随着电子技术、计算机技术、控制技术的发展和人们对汽车要求的日益提高,现代汽车正在向电子化、智能化方向发展。目前,汽车特别是轿车上的电子控制部件越来越多,其成本基本上占汽车总成本的1/3。现代汽车实际上已经成为以计算机为控制核心的计算机控制系统,汽车电子控制系统的性能好坏直接影响到汽车的动力性、经济性、可靠性、安全性、排放净化及舒适性。

学习目标

1. 知识目标

(1) 了解发动机电控技术的发展历程。

(2) 掌握发动机电控系统的控制内容及功能。

(3) 掌握发动机电控系统的基本组成及控制原理。

2. 技能目标

(1) 能够按照维修手册查找发动机各电子元器件的名称及安装位置。

(2) 能够独立完成发动机电子元器件的识别任务。

任务 发动机电控系统结构认知

任务目标

- 了解发动机电控技术的发展历程。
- 掌握发动机电控系统的控制内容及功能。
- 掌握发动机电控系统的基本组成、控制原理、各电子元器件的名称及安装位置。

任务引入

一辆2004款君威2.5 L轿车,行驶里程约4.7万千米,客户反映发动机故障指示灯点亮(发动机任何一个电控系统出现故障,发动机故障指示灯都会点亮),维修人员初步判断是发动机电控系统出现故障。

必备知识

一、汽车电子技术的发展

汽车电子技术的发展始于20世纪60年代,分为三个阶段:

第一阶段,从20世纪60年代中期到70年代末期,主要是为了改善部分性能而对汽车产品进行的技术改造,如在车上安装了晶体管收音机等。

该阶段侧重于开发单独性的电子零部件,从而改善单个机械部件的性能,如整流器、调节器、晶体管无触点点火系统、电子时钟等。设计上是局部的,没有系统的观念。

第二阶段,从20世纪70年代末期到90年代中期,为解决安全、污染和节能三大问题,研制出电控汽油喷射系统、电子控制防滑制动装置和电控点火系统。

该阶段侧重于开发一些独立的控制系统,如发动机控制系统、制动防抱死系统(ABS)、安全气囊、巡航控制系统等。该阶段是汽车电子化快速发展的时期,各个单独系统的控制技术逐渐成熟。

第三阶段,20世纪90年代中期以后,电子技术广泛应用于底盘、车身和车用柴油发动机等多个领域。

该阶段汽车电子系统的设计更多的是从整体的角度来考虑,开始广泛应用计算机网络技术与信息技术,使汽车更加自动化、智能化,并向汽车与社会环境的联结方向转移。

二、发动机电控技术的发展

汽车发动机电控技术的发展历程大致如下:

1934年,德国采用莱特兄弟(Wright brothers)发明的向发动机进气管内连续喷射汽油来配制混合气的技术,研制成功世界上第一架采用燃油喷射式发动机的战斗机。

1952年,德国博世(Bosch)公司研制成功世界上第一台机械控制汽油喷射式发动机,汽油直接喷入气缸内,利用气动式混合气调节器调节空燃比(A/F),配装在梅赛德斯-奔驰(Mercedes-Benz)300L型赛车上。

1958年,德国博世公司研制成功向进气管内喷射汽油的机械控制汽油喷射式发动机,采用机械式油量分配器调节空燃比,配装在梅赛德斯-奔驰220S型轿车上。

1967年,德国博世公司研制成功机械控制式(K-Jetronic)汽油喷射系统;同年,德国博世公司开始批量生产D型(D-Jetronic)燃油喷射系统。

1973年,德国博世公司在D型燃油喷射系统的基础上,将其改进发展成为L型(L-Jetronic)燃油喷射系统,控制精度大大提高;同年,美国通用汽车公司(GM)在生产的汽车上开始将分立元件式电子点火控制器改用集成电路式(IC)点火控制器。

1974年，美国通用汽车公司开始加大火花塞的电极间隙，采用高能点火装置，将点火线圈和集成电路式点火控制器安放在分电器壳体内。

1976年，美国克莱斯勒(Chrysler)汽车公司生产的汽车开始研制并在同年配装微机控制点火系统，命名为电子式稀混合气燃烧系统(ELBS)。

1977年，美国通用汽车公司开始采用微机控制点火系统，取名为MISAR系统。

1978年，美国福特公司在EEC微机控制系统的基础上，增加了空燃比反馈控制和怠速转速控制等控制内容，命名为EEC-Ⅱ系统；同年，美国通用汽车公司研制成功了可以同时控制点火时刻、空燃比、废气再循环和怠速转速的微机控制系统，命名为C-4系统。

1979年，德国博世公司在L型燃油喷射系统的基础上，将点火控制与燃油喷射控制组合在一起，并采用数字式计算机进行控制，从而构成了当今广泛采用的Motronic控制系统；同年，日本日产(Nissan)汽车公司也研制成功了能综合控制点火时刻、空燃比、废气再循环和怠速转速的发动机集中控制系统(ECCS)，该系统具有自诊断功能，配装在公爵王(Cedric)和光荣(Gloria)轿车上。

1980年，日本丰田(Toyota)汽车公司研制成功能综合控制点火时刻、爆燃、空燃比、怠速转速且具有自诊断功能的丰田计算机控制系统(TCCS)。

1981年，德国博世公司又在L型燃油喷射系统的基础上，用热丝式空气流量传感器取代翼板式空气流量传感器，改进发展成为LH型(LH-Jetronic)燃油喷射系统。

1982年，德国博世公司在机械控制式系统的基础上改进研制出机电结合式(KE-Jetronic)汽油连续喷射系统。

1995年，日本三菱(Mitsubishi)汽车公司研制成功电控缸内直接喷射汽油发动机，即GDI系统。

2001年，德国大众(Volkswagen)集团研制出独有的FSI(Fuel Stratified Injection)缸内直接喷射系统。

三、发动机电控系统的应用及控制功能

目前，无论是国产品牌中的比亚迪、奇瑞、长城，还是合资品牌中的大众、丰田、标致等车系，都采用了电控发动机。这些电控汽车凭借其优越的技术性能、使用性能和独特的魅力，正以锐不可当之势逐渐占领国内汽车市场。

1. 电控技术对发动机性能的影响

汽车发动机电控系统通过电子控制手段对发动机点火、喷油、空燃比及排放废气等进行优化控制，使发动机工作在最佳工况，达到提高性能、安全、节能、降低废气排放的目的。电控技术对发动机性能的影响如下：

(1) 提高发动机的动力性。

通过减小进气阻力，提高充气效率，使得进入气缸中的空气得到充分的利用。

(2) 提高发动机燃油经济性。

通过电控系统来精确控制在各种运行工况下发动机所需的混合气浓度，使燃烧更为充分。

(3) 降低排放污染。

通过电控系统的优化控制，提高燃烧质量，应用排放控制系统，降低排放污染。

(4) 改善发动机的加速和减速性能。

在加速或减速运行的过渡工况下,电子控制单元(ECU)的高速处理功能使控制系统能够迅速响应,使汽车加速或减速反应更灵敏。

(5) 改善发动机的启动性能。

在发动机启动和暖机过程中,控制系统能根据发动机温度变化,对进气量和供油量进行精确控制,从而保证发动机顺利启动和平稳经过暖机过程,可明显改善发动机的低温启动性能和热机运转性能。

此外,电控系统对发动机各种运行工况的优化控制以及电控系统的不断完善,使发动机的故障发生率大大降低。自我诊断与报警系统的应用,提高了故障诊断的速度和准确性,缩短了汽车因发动机故障而停驶的时间,具有良好的社会效益和经济效益。

2. 发动机电控系统及其功能

(1) 电控燃油喷射(EFI)系统。

功能:根据进气量确定基本喷油量,再根据其他传感器(如冷却液温度传感器、节气门位置传感器等)信号等对喷油量进行修正,使发动机在各种运行工况下均能获得最佳浓度的混合气,从而提高发动机的动力性、经济性和排放性;同时,还包括喷油正时控制、断油控制、燃油泵控制。

(2) 电控点火(ESA)系统。

功能:根据各相关传感器信号,判断发动机的运行工况和运行条件,选择最理想的点火提前角点燃混合气,从而改善发动机的燃烧过程,以实现提高发动机动力性、经济性和降低排放污染的目的。

(3) 怠速控制(ISC)系统。

功能:在发动机怠速工况下,根据发动机冷却液温度、空调压缩机是否工作、变速器是否挂入挡位等,通过调节空气通路面积对发动机的进气量进行控制,使发动机随时以最佳怠速转速运转。

(4) 排放控制系统。

功能:主要是对发动机排放控制装置的工作实行电子控制。排放控制的项目主要包括:废气再循环(EGR)控制、活性炭罐电磁阀控制、氧传感器和空燃比闭环控制、二次空气喷射控制等。

(5) 进气控制系统。

功能:主要是根据发动机转速和负荷的变化,对发动机的进气进行控制,以提高发动机的充气效率,从而改善发动机动力性。其主要包括惯性增压控制系统、废气涡轮增压控制系统、可变气门正时进气系统等。

(6) 自诊断与报警系统。

功能:用来提示驾驶员发动机有故障;同时,系统将故障信息以设定的数码(故障码)形式储存在存储器中,以便帮助维修人员确定故障类型和范围。

(7) 失效保护系统。

功能:当传感器或其电路出现故障(失效)时,失效保护系统启动而进入工作状态,给ECU提供设定的标准信号来替代故障信号,以保持控制系统继续工作,确保发动机仍能继续运转。

(8)应急备用系统。

功能:当ECU内的微处理器或少数重要的传感器出现故障而导致车辆无法行驶时,该系统使ECU把燃油喷射和点火正时控制在设定的水平上,作为一种备用功能使汽车能维持基本行驶,以便把汽车开到最近的维修站或适宜的地方,所以该系统又可称为"回家系统"。

四、发动机电控系统的组成及控制原理

1. 发动机电控系统的组成

任何一种电子控制系统,其主要组成都可分为信号输入装置、ECU和执行器三部分,三部分相互之间的关系如图1-1所示。

图1-1 信号输入装置、ECU、执行器之间的关系

(1)信号输入装置。

发动机控制系统的信号输入主要是通过各种传感器或其他控制开关将各种控制信号输入ECU。发动机控制系统用的传感器和控制开关主要有以下几种类型:

空气流量计——测量发动机的进气量,将信号输入ECU。

进气歧管绝对压力传感器——测量进气管内气体的绝对压力,将信号输入ECU。

节气门位置传感器——检测节气门的开度及开度变化,将信号输入ECU。

凸轮轴位置传感器——提供凸轮轴位置信号。

曲轴位置传感器——检测曲轴转角位移,给ECU提供转速信号和曲轴转角信号。

进气温度传感器——检测进气温度信号。

冷却液温度传感器——给ECU提供冷却液温度信号。

车速传感器——检测汽车的行驶速度,给ECU提供车速信号(SPD信号)。

氧传感器——检测排气中的氧含量。

爆震传感器——检测汽油机是否爆燃及爆燃强度。

空调开关——当空调开关打开、空调压缩机工作、发动机负荷加大时,由空调开关向ECU输入信号。

挡位开关——自动变速器由空挡挂入其他挡时,向ECU输入信号。

启动开关——发动机启动时,给ECU提供一个启动信号。

制动灯开关——制动时,向ECU提供制动信号。

动力转向开关——当转向盘由中间位置向左右转动时,由于动力转向油泵工作而使发动机负荷加大,此时向ECU输入信号。

巡航控制开关——当进入巡航控制状态时,向ECU输入巡航控制状态信号。

(2)ECU。

ECU的主要功能如下:

① 给传感器提供电压,接收传感器和其他装置的输入信号,并转换成数字信号。

② 储存该车型的特征参数和运算所需的有关数据信号。
③ 确定计算输出指令所需的程序,并根据输入信号和相关程序计算输出指令数值。
④ 将输入信号和输出指令信号与标准值进行比较,确定并存储故障信息。
⑤ 向执行器输出指令,或根据指令输出自身已储存的信息。
⑥ 自我修正功能(学习功能)。

(3) 执行器。

执行器是由 ECU 控制,执行某项控制功能的装置。一般是由 ECU 控制执行器电磁线圈的搭铁回路,也有的是由 ECU 控制某些电子控制电路。

发动机电控系统的执行器主要有喷油器、燃油泵继电器、进气控制阀、二次空气喷射阀等。随着控制功能的增加,执行器也将相应增加。

2. 发动机电控系统的控制过程

在发动机运转过程中,ECU 根据发动机控制系统各传感器传送来的信号,判断发动机当前所处的运行工况和工作条件,并从只读存储器(ROM)中查取相应的控制参数数据,经中央处理器(CPU)计算和修正后,输出相应的控制信号,控制发动机运转。

电子控制系统的简要工作过程:

(1) 发动机启动时,ECU 进入工作状态,某些程序从 ROM 中取出,进入 CPU。这些程序可以用来控制点火时刻、燃油喷射和怠速等。

(2) 通过 CPU 的控制,指令逐个地进行循环执行。执行程序中所需要的发动机信息来自各个传感器。

(3) 从传感器传送来的信号,首先进入输入回路进行处理。如果是数字信号,则直接经 I/O 接口进入微机;如果是模拟信号,则经 A/D 转换器转换成数字信号后再经 I/O 接口进入微机。

(4) 大多数信息暂时存储在随机存储器(RAM)内,根据指令再从 RAM 送到 CPU。有时需将存储在 ROM 中的参考数据引入 CPU,使输入传感器的信息与之进行对比。

(5) 对来自有关传感器的每一个信息依次取样,并与参考数据进行比较。

(6) CPU 对这些数据进行比较运算后做出决定并发出输出指令信号,经 I/O 接口,必要的信号还要经 D/A 转换器转换成模拟信号,最后经输出回路控制执行器动作。

3. 发动机电控系统的控制方式

发动机电控系统的控制方式可分为开环控制和闭环控制两种,如图 1-2 所示。

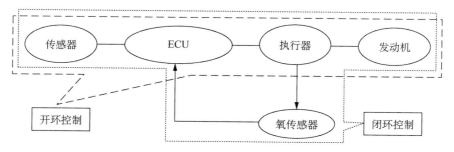

图 1-2　电控燃油喷射系统的控制方式

(1) 开环控制。

发动机各种工况的控制参数,如基本喷油量及基本点火提前角等,均存于发动机 ECU 的 ROM 中。在发动机运行过程中,微机检查发动机各传感器传送来的信号,通过这些信号判断发动机当前所处的运行工况,并从 ROM 中查取相应的控制参数,输出控制信号,而不去检测控制结果,对控制结果的好坏不能做出分析,这种控制称为开环控制。所以在 ROM 中固化的参数必须是经过大量实验分析和优化计算的结果,是发动机在各工况下运行的理论最佳值。

(2) 闭环控制。

所谓闭环控制,实际上就是反馈控制,系统根据实际检测到的反馈信号来决定增减控制量的大小,而这时不再根据其他输入信号进行控制。例如,如图 1-2 所示,在发动机运行过程中,由开环控制所确定的某一空燃比的油气混合物进入气缸燃烧后,通过氧传感器检测排气中的氧浓度来判断进入气缸的油气混合物的浓度,太浓时需减少喷油量,太稀时则需增加喷油量。点火控制也是如此,采用爆震传感器检查发动机是否发生爆燃来决定点火时间提前还是滞后。

由于开环控制和闭环控制各有其特点,发动机电控系统不能全部采用一种控制方式。实际上当代的发动机电控系统均同时采用开环和闭环这两种控制方式,开环控制作为基本控制手段,而闭环控制则作为精密控制手段,互助互补,以达到发动机高精度控制的目的。

任务工单　电控发动机总体结构认知

学生姓名		班级		学号	
实训场地		学时		日期	

一、任务计划

请根据任务要求,确定所需要的场地和物品,并对小组成员进行合理分工,制订详细的工作计划。

1. 场地及物品准备

检查及记录完成任务需要的场地、设备、工具及材料。

(1) 场地。

检查工作场地是否清洁,是否存在安全隐患,如不正常,请汇报教师并及时处理。

记录:

(2) 车辆、总成、工件。

车辆:

其他:

(3) 设备及工具。

防护装备：

设备及工具：

（4）材料。

材料：

（5）安全要求及注意事项。

① 实训汽车停在实训工位上，没有经过教师批准不准启动。经教师批准启动后，首先应检查车轮的安全顶块是否放好，汽车手制动是否拉好，排挡杆是否放在 P 挡（A/T）或空挡（M/T），车前是否有人。

② 发动机运行时不能把手伸入，防止造成意外事故。

③ 没有经过教师批准不允许随意连接或拔下电控元器件。

④ 点火开关接通时，不允许连接或拔下电控系统元器件的接插件。

⑤ 蓄电池的极性不能接反，否则将烧毁 ECU 与电子元器件。

⑥ 禁止使用启动电源辅助启动发动机，防止损坏电控系统元件。

2. 小组成员及分工

你所在小组成员：

你所负责的工作：

3. 操作流程

认识发动机电控系统各元器件及安装位置（AJR 或其他发动机）。

步骤 1：

步骤 2：

步骤 3：

步骤 4：

步骤 5：

步骤 6：

步骤 7：

步骤 8：

步骤 9：

步骤 10：

步骤 11：

步骤 12：

步骤 13：

步骤 14：

步骤 15：

二、任务实施

认知电控发动机的电控系统元件与安装位置，根据制订的计划实施，完成以下任务并记录。

车型 1：

序号	元器件名称	安装位置简述	导线数	作用简述
1	空气流量计			
2	进气歧管绝对压力传感器			
3	进气温度传感器			
4	节气门体(含节气门位置和电机)			
5	加速踏板位置传感器			
6	曲轴位置传感器			
7	凸轮轴位置传感器			
8	冷却液温度传感器			
9	氧传感器			
10	爆震传感器			
11	喷油器			
12	燃油泵			
13	点火模块/点火线圈			
14	可变气门电磁阀			
15	三元催化器			

车型2：

序号	元器件名称	安装位置简述	导线数	作用简述
1	空气流量计			
2	进气歧管绝对压力传感器			
3	进气温度传感器			
4	节气门体(含节气门位置和电机)			
5	加速踏板位置传感器			
6	曲轴位置传感器			
7	凸轮轴位置传感器			
8	冷却液温度传感器			
9	氧传感器			
10	爆震传感器			
11	喷油器			
12	燃油泵			
13	点火模块/点火线圈			
14	可变气门电磁阀			
15	三元催化器			

注：如果实训车上没有表格上所列的元件或导线，则不填内容。

三、任务检查

根据任务完成情况,学生根据下表自我评分,教师或指定组长在过程巡视或验收检查时,发现问题直接扣分,并在备注栏签名。

技能考核标准表

序号	项目	操作内容	标准分	实际评分	备注
1	任务准备 (10分)	场地准备	2		
		车辆/总成/工件准备	2		
		设备/工具准备	2		
		材料准备	2		
		仪容仪表/精神面貌准备	2		
2	实施过程 (30分)	传感器认知	10		
		执行器认知	10		
		位置寻找	5		
		作用描述	5		
3	完成质量 (20分)	车型1质量	10		
		车型2质量	10		
4	完成时间 (10分)	90 min	10		
5	安全操作 (20分)	个人防护	5		
		设备安全	5		
		人员安全	5		
		场地安全	5		
6	5S工作 (10分)	场地清洁	5		
		设备/工具/材料归位 电源/气源关闭	5		
	总 分		100		

四、任务评估

1. 自我评价及反馈

(1) 通过本任务的学习,对照本任务的学习目标,你认为你的掌握情况如何?

知识目标:(　　)

A. 掌握　　　　B. 部分掌握　　　　C. 未掌握

说明:

技能目标:(　　)

A. 掌握　　　　　　　　B. 部分掌握　　　　　　C. 未掌握

说明：

（2）你是否积极学习，不会的内容积极向别人请教，会的内容积极帮助他人学习？（　　）

A. 积极学习　　　　　　　　　　　　B. 积极请教

C. 积极帮助他人　　　　　　　　　　D. 三者均不积极

（3）工具、设备和零件有没有落地现象发生？有无保持作业现场清洁？（　　）

A. 无掉地且场地清洁　　　　　　　　B. 有颗粒掉地

C. 保持作业现场清洁　　　　　　　　D. 未保持作业现场清洁

（4）实施过程中是否注意操作质量？有无责任心？（　　）

A. 注意质量，有责任心　　　　　　　B. 不注意质量，有责任心

C. 注意质量，无责任心　　　　　　　D. 全无

（5）在操作过程中是否注意清除隐患？在有安全隐患时是否提示其他同学？（　　）

A. 注意，提示　　　　　　　　　　　B. 不注意，未提示

学生签名：　　　　　　　年　　月　　日

2. **教师评价及答复**

参照成果展示的得分，学生本次任务成绩（请在□上打√）：

□不合格　　□合格　　□良好　　□优秀

教师签名：　　　　　　　年　　月　　日

项目二 汽油机空气供给系统检修

项目描述

汽油机电控燃油喷射(EFI)系统以 ECU 为控制中心,利用安装在发动机不同部位上的各种传感器来检测发动机的各种工作参数,根据这些参数选择 ECU 中设定的程序,通过控制喷油器,精确地控制喷油量,使发动机在各种工况下都能获得最佳空燃比的混合气。此外,电控燃油喷射系统通过 ECU 中的控制程序,还能实现启动加浓、暖机加浓、加速加浓、全负荷加浓、减速调稀、强制怠速断油及自动怠速控制等功能,满足发动机特殊工况对混合气的要求,使发动机获得良好的燃油经济性和排放性,也提高了汽车的使用性能。

电控燃油喷射系统由空气供给系统、燃油供给系统和燃油喷射电子控制系统三个子系统组成。空气供给系统为发动机提供清洁的空气并控制发动机正常工作时的供气量,其性能的好坏对发动机的性能影响很大。学习空气供给系统的结构及功能,对于正确快速地进行故障诊断和检测十分重要。

学习目标

1. 知识目标
(1)掌握空气供给系统的结构组成及各组成部分的安装位置。
(2)掌握空气供给系统主要部件的构造与维修。

2. 技能目标
能对空气供给系统进行检修。

任务 空气供给系统认知及检修

任务目标

- 掌握空气供给系统的结构组成及各组成部分的安装位置。
- 掌握空气供给系统主要部件的构造。
- 掌握空气供给系统的检修方法。

任务引入

空气供给系统用于将大气中的空气过滤后,按照发动机负荷的不同向发动机提供不同量的清洁空气。当空气供给系统发生阻塞、泄漏等故障时,必然引起进气量与发动机负荷的不协调,从而导致发动机运转不良。一般情况下,当空气供给系统发生阻塞故障时,发动机会因为进气不畅而动力不足,直至不能运转。

当发动机出现动力不足、怠速不稳、没有怠速或怠速偏高等现象时,往往需要对空气供给系统进行检查、维护或维修,以排除发动机故障,恢复正常运行。

必备知识

一、空气供给系统的作用及组成

空气供给系统为发动机可燃混合气的形成提供必需的空气。空气经空气滤清器、空气流量计(D 型系统无此装置,其为进气歧管绝对压力传感器)、节气门体、进气总管(或稳压室)和进气歧管进入各气缸,如图 2-1、图 2-2 所示。根据怠速时空气的供给方式不同,空气供给系统分为旁通空气式(图 2-1)、节气门直动式(图 2-2)两种类型。

一般行驶时,空气的流量由通道中的节气门来控制(节气门由油门踏板操作)。踩下油门踏板时,节气门打开,进入的空气量多。怠速时,节气门关闭或微开,空气由节气门或旁通气道通过。怠速空气量的调整一般由 ECU 控制,通过控制怠速时的进气量控制怠速时的转速,自动维持发动机怠速稳定运转。在气温低、发动机需要暖机时,将暖机时必需的空气量供给进气歧管,此时,发动机转速较正常怠速高,称为快怠速。随着发动机冷却液温度的升高,怠速的空气量逐渐减少,发动机转速逐渐降低至正常怠速。

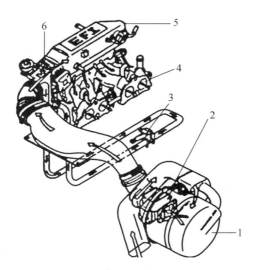

1—空气滤清器;2—进气歧管绝对压力传感器;
3—怠速控制阀;4—进气歧管;5—动力腔;6—节气门体

图 2-1 AFE 发动机旁通空气式空气供给系统

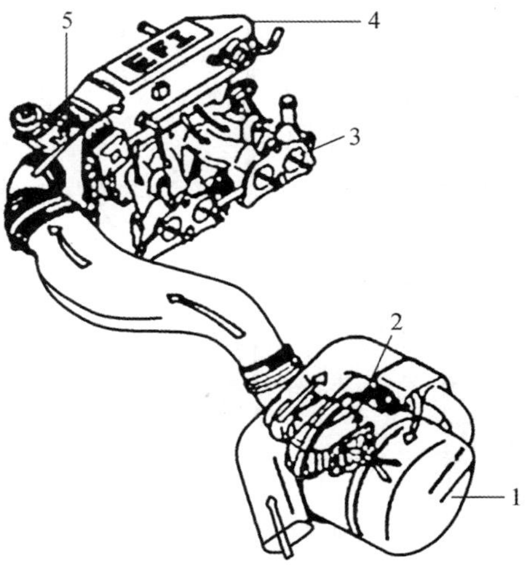

1—空气滤清器;2—空气流量计;
3—进气歧管;4—动力腔;5—节气门控制组件

图 2-2 AJR 发动机节气门直动式空气供给系统

二、空气供给系统主要部件及工作原理

1. 空气滤清器

空气滤清器的作用是净化空气,其结构如图 2-3 所示。

 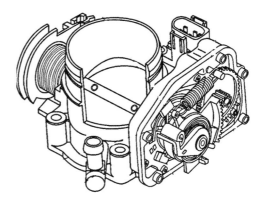

图 2-3 空气滤清器　　　　　　　　图 2-4 节气门体

2. 空气计量装置

L 型 EFI 系统的空气流量计或 D 型 EFI 系统的进气歧管绝对压力传感器的作用是把测得的空气转换为电压信号,并把此电压信号送至 ECU,ECU 根据此信号和转速等信号来决定基本喷油量。

3. 节气门体

节气门体装在空气流量计后方的进气管上,用来控制发动机正常运行工况下的进气量。它由节气门、节气门位置传感器和怠速旁通气道(节气门直动式无此结构,其装有怠速电机)等组成,如图 2-4 所示。

节气门位置传感器装在节气门轴上,用以检测节气门开启的角度。为防止减速时节气门由开到全闭,有时会导致发动机不良冲击和熄火,有的节气门体上装有节气门缓冲器。为防止寒冷季节流经节气门体的空气中的水分在节气门体上冻结,有些节气门体上设有供发动机冷却液流经的管路。

4. 进气歧管

在多点电控燃油喷射式发动机上,为了消除进气波动和保证各缸进气均匀,对进气总管和进气歧管的形状、容积都有严格的要求,每个气缸必须有一个单独的进气歧管。

三、空气供给系统的检修

空气供给系统各部件的可靠性较好,使用中较少产生故障,在维修中因拆装不当人为造成故障的现象较为常见。维修时应注意进行以下检查:

(1) 检查空气滤清器滤芯是否脏污,必要时用压缩空气吹净或更换。

(2) 检查节气门内腔的积垢和积胶情况,必要时用清洗剂进行清洗。

注意:绝不能用砂纸和刀片清理积垢和积胶。

（3）进气系统漏气对电控燃油喷射发动机的影响比对化油器式发动机的影响大。检查各连接部位是否连接可靠，密封垫是否完好。

电控发动机燃油喷射系统不论是流量型还是压力型，只要进气系统不密封就会影响喷油量，其影响程度要比化油器式发动机大，所以对进气系统检修时应注意以下几点：

1. 检查机油尺、机油加油口盖的密封性

发动机机油尺、机油加油口盖必须安装好，否则会影响发动机运行。

2. 检测进气流量

由于不同发动机的气缸大小不一，因此在单位时间内的进气量有较大的区别。但是对于特定型号的发动机来说，在基本怠速情况下（关闭空调等附属设备），进气流量应是相对恒定的。

有些发动机可以使用解码器的数据流测试功能检测发动机的进气流量。如上海大众2VQS发动机怠速时进气流量正常值为2.0～4.0 g/s，若小于2.0 g/s，则说明进气系统存在真空泄漏；若大于4.0 g/s，则说明发动机负荷过大。

3. 漏气检查

对装有空气流量计的EFI系统，应注意检查空气流量计、节气门体及怠速控制阀等有无松动，空气软管及其接头处有无破损漏气，也不能插错，真空管插错会使发动机怠速不稳，甚至使各缸无规律地交替工作不良。喷油器应安装舒贴，密封圈应完好。如果喷油器安装不舒贴或密封圈损坏，上部安装密封不良会导致漏油而造成严重事故，下部密封不良会导致漏气而使发动机真空度下降，运行不良，还会使进气歧管绝对压力传感器信号增加，喷油量增加，使混合气偏浓。

进气管壁的裂纹、损坏的密封垫、漏装或破裂的真空管会导致进气系统真空泄漏，这一故障对D型和L型电控发动机怠速运转的影响是不一样的。

D型喷射系统节气门后方出现真空泄漏时，泄漏进入进气管的空气经过了MAP的检测，ECU按空燃比为其配油，油多气多后导致发动机怠速转速上升，漏气量越大，转速升高量也越大。大多数车型从保护发动机的角度出发在程序内设定了怠速极限转速上限值。例如，丰田公司将其设置为1 800 r/min，即当怠速触点闭合时，若发动机转速达1 800 r/min，则ECU会切断喷油器的喷油，直至转速下降至基本怠速转速时再恢复喷油。但是漏气的部位并没有被修复，发动机转速又会上升至1 800 r/min，ECU再次切断喷油，导致怠速转速忽高忽低，俗称怠速游车。真空泄漏也会引起汽油喷射压力升高，导致混合气偏浓，但这一影响是有限的，大多数情况下不会导致发动机淹缸熄火。

L型喷射系统节气门后方出现真空泄漏时，泄漏进入进气管的空气没有经过MAP的检测，因此ECU不会为其配油。虽然漏气引起喷射压力升高，但综合来看混合气偏稀，导致怠速转速下降、发动机抖动，漏气严重时甚至导致发动机熄火。

4. 检测怠速转速

汽车仪表板内的发动机转速表可以指示发动机的怠速转速，也可用带转速检测功能的多用表、示波器检测发动机怠速转速。当某些不严重的故障出现后，ECU的怠速控制和学习控制功能会把怠速转速稳定在目标转速范围内，此时车辆已处于"带病工作"状态。因此必要时须检测发动机的基本怠速转速。

任务工单　空气供给系统检修

学生姓名		班级		学号	
实训场地		学时		日期	

一、任务计划

请根据任务要求,确定所需要的场地和物品,并对小组成员进行合理分工,制订详细的工作计划。

1. 场地及物品准备

检查及记录完成任务需要的场地、设备、工具及材料。

(1) 场地。

检查工作场地是否清洁,是否存在安全隐患,如不正常,请汇报教师并及时处理。

记录:

(2) 车辆、总成、工件。

车辆:

其他:

(3) 设备及工具。

防护装备:

设备及工具:

(4) 材料。

材料:

(5) 安全要求及注意事项。

① 实训汽车停在实训工位上,没有经过教师批准不准启动。经教师批准启动后,首先应检查车轮的安全顶块是否放好,汽车手制动是否拉好,排挡杆是否放在 P 挡(A/T)或空挡(M/T),车前是否有人。

② 发动机运行时不能把手伸入,防止造成意外事故。

③ 没有经过教师批准不允许随意连接或拔下电控元器件。

④ 点火开关接通时,不允许连接或拔下电控系统元器件的接插件。

⑤ 蓄电池的极性不能接反,否则将烧毁 ECU 与电子元器件。

⑥ 禁止使用启动电源辅助启动发动机,防止损坏电控系统元件。

2. 小组成员及分工

你所在小组成员:

你所负责的工作:

3. 操作流程

根据任务,小组进行讨论,确定工作计划(流程/工序),并记录。

(1) 进气流量的检查。

步骤1：
步骤2：
步骤3：
步骤4：
步骤5：
步骤6：

(2) 怠速转速的检查。

步骤1：
步骤2：
步骤3：
步骤4：
步骤5：
步骤6：

二、任务实施

根据制订的计划实施，完成以下任务并记录。

1. AJR 怠速进气量的检查

进气流量值：

结论：

2. AJR 怠速转速的检查

怠速转速值：

结论：

三、任务检查

根据任务完成情况，学生根据下表自我评分，教师或指定组长在过程巡视或验收检查时，发现问题直接扣分，并在备注栏签名。

技能考核标准表

序号	项目	操作内容	标准分	实际评分	备注
1	任务准备 （10分）	场地准备	2		
		车辆/总成/工件准备	2		
		设备/工具准备	2		
		材料准备	2		
		仪容仪表/精神面貌准备	2		
2	实施过程 （30分）	怠速进气流量的检测	15		
		怠速转速的检测	15		
3	完成质量 （20分）	测量步骤合理	10		
		测量数据准确	10		

续表

序号	项目	操作内容	标准分	实际评分	备注
4	完成时间（10分）	90 min	10		
5	安全操作（20分）	个人防护	5		
		设备安全	5		
		人员安全	5		
		场地安全	5		
6	5S工作（10分）	场地清洁	5		
		设备/工具/材料归位 电源/气源关闭	5		
总 分			100		

四、任务评估

1. 自我评价及反馈

（1）通过本任务的学习,对照本任务的学习目标,你认为你的掌握情况如何?

知识目标:（　　）

A. 掌握　　　　　B. 部分掌握　　　　C. 未掌握

说明:

技能目标:（　　）

A. 掌握　　　　　B. 部分掌握　　　　C. 未掌握

说明:

（2）你是否积极学习,不会的内容积极向别人请教,会的内容积极帮助他人学习?（　　）

A. 积极学习　　　　　　　　　B. 积极请教

C. 积极帮助他人　　　　　　　D. 三者均不积极

（3）工具、设备和零件有没有落地现象发生?有无保持作业现场清洁?（　　）

A. 无掉地且场地清洁　　　　　B. 有颗粒掉地

C. 保持作业现场清洁　　　　　D. 未保持作业现场清洁

（4）实施过程中是否注意操作质量?有无责任心?（　　）

A. 注意质量,有责任心　　　　B. 不注意质量,有责任心

C. 注意质量,无责任心　　　　D. 全无

（5）在操作过程中是否注意清除隐患?在有安全隐患时是否提示其他同学?（　　）

A. 注意,提示　　　　　　　　B. 不注意,未提示

学生签名:　　　　年　　月　　日

2. 教师评价及答复

参照成果展示的得分,学生本次任务成绩(请在□上打√):

□不合格　□合格　□良好　□优秀

教师签名:　　　　年　　月　　日

项目三 汽油机燃油供给系统检修

项目描述

可燃混合气是指由气态燃油与空气组成的一种混合气,其组成和状态应能保证它在气缸内易于发火燃烧。混合气成分对发动机的动力性、经济性与排放性等有很大的影响,因此要保证在车用汽油机各种工况下都能供给适当浓度的可燃混合气,提高发动机的经济性和动力性。燃油供给系统为发动机提供配备一定浓度的可燃混合气所需的燃油,其性能的好坏对发动机的性能影响很大。学习燃油供给系统的结构及功能,对于正确快速地进行故障诊断和检测十分重要。

学习目标

1. 知识目标
(1) 掌握燃油供给系统的结构组成及各组成部分的安装位置。
(2) 掌握燃油供给系统的主要部件的构造与维修。

2. 技能目标
能对燃油供给系统进行检修。

任务一 燃油供给系统认知

任务目标

- 掌握燃油供给系统的结构组成及各组成部分的安装位置。
- 掌握燃油供给系统主要部件的构造。

任务引入

汽车在使用过程中,有些故障出自燃油供给系统,如发动机不能启动、发动机异常抖动等,要想排除这些故障,就需要掌握燃油供给系统的组成及工作原理。

必备知识

一、燃油供给系统的作用及组成

燃油供给系统的功用是供给喷油器一定压力的燃油,喷油器则根据ECU指令喷油。燃油供给系统一般由油箱、电动燃油泵、燃油滤清器、燃油脉动阻尼器、燃油压力调节器、喷油器及燃油分配管等组成,如图3-1所示。

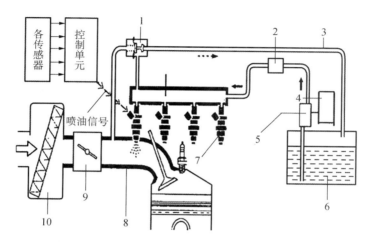

1—油压调节器;2—燃油滤清器;3—输油管;4—燃油泵控制器;
5—燃油泵;6—油箱;7—喷油器;8—进气歧管;9—节气门体;10—空气滤清器

图3-1 燃油供给系统

燃油由燃油泵从油箱中泵出,经过滤清器除去杂质及水分后,再送至燃油脉动阻尼器,以减少其脉动。这样具有一定压力的燃油流至供油总管,送至各缸喷油器。喷油器根据ECU的喷油指令,开启喷油器,将适量的燃油喷于进气门前,待进气行程时,再将燃油混合气吸入气缸中。装在供油总管上的燃油压力调节器用以调节系统油压,目的在于保持油路内的油压相对于进气管的相对压力保持恒定不变,大部分车型约300 kPa。

二、燃油供给系统的主要部件及工作原理

1. 电动燃油泵

电控燃油喷射系统的电动燃油泵是一种由小型直流电动机驱动的燃油泵,其作用是提供燃油喷射所需的压力,将燃油从油箱中吸出,提高油压到规定值,然后通过供给系统送到喷油器(燃油泵的最高输出油压为450~600 kPa,其供油量比发动机最大耗油量大得多),多余的燃油从回油管返回油箱。电动燃油泵的电动机和燃油泵连成一体,密封在同一壳体内。电动燃油泵按安装方式不同可分为安装在油箱外输油管路中的外装式燃油泵和安装在油箱中的内装式燃油泵。前者一般采用滚柱泵,后者采用叶片泵(图3-2),但也有采用滚柱泵的。

外装式燃油泵串接在油箱外部的输油管路中,优点是容易布置,安装自由度大,缺点是噪声大,且易产生气泡,形成气阻,目前已基本不用。

内装式燃油泵安装管路较简单,不易产生气阻和漏油。有时在油箱内还设有一个小油箱,并将燃油泵置于小油箱中。这样可防止在油箱燃油不足时,因汽车转弯或倾斜引起燃油泵周围燃油的移动,从而使燃油泵吸入空气而产生气阻。现在大多数车型都使用内装式燃油泵。

(1) 电动燃油泵的结构。

如图 3-2 所示,叶片式电动燃油泵的转子是一块圆形平板,周围开有小槽形成叶轮。当燃油泵运转时,叶轮周围小槽内的燃油随着叶轮一道旋转。这时由于离心力的作用,使燃油出口处的油压增高,同时在进口处产生一定的真空度,使燃油从进口处被吸入并泵向出口处。这种燃油泵的泵油量大,最大泵油压力较高,可达 600 kPa 以上。在各种工况下,它都能保持较稳定的供油压力,而且运转噪声小,叶轮无磨损,使用寿命长。

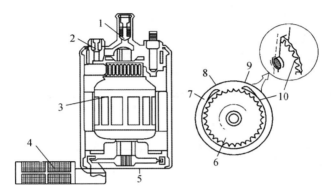

1—单向阀;2—泄压阀;3—电动机;4—滤网;5—涡轮泵;6—叶轮;7—壳体;8—出口;9—入口;10—叶片

图 3-2　叶片式电动燃油泵结构示意图

燃油泵出口处有一个单向阀,在燃油泵不工作时,它阻止燃油倒流回油箱,这样可保持油路中有一定的残余压力,便于下次启动。当泵油压力超过规定值时,装在泵体内的泄压阀即被推开,使部分燃油返回进油口一侧。

由于该燃油泵的油压脉动小,已能达到普通滚柱泵带油压缓冲器的水平,因此不用装油压缓冲器。电动燃油泵的燃油泵和电动机都浸在燃油中,在燃油泵运转时,燃油不断穿过燃油泵和电动机,使之得到润滑和冷却。使用时,严禁在无油情况下运转电动燃油泵,也不要等燃油耗尽才添加燃油,以免烧坏电动燃油泵。

(2) 电动燃油泵的控制。

① 电动燃油泵的控制功能。

a. 预运转功能:当点火开关打开而不启动发动机时,油泵能预先运转 3~5 s,向油管中预充压力燃油,保证顺利启动。

b. 启动运转功能:在发动机启动过程中,油泵能同时运转,保证启动供油。

c. 恒速运转功能:在发动机正常运转过程中,油泵能始终恒速运转,保证正常的泵油压力和泵油量。

d. 变速运转功能:根据发动机工况的变化控制油泵高、低速运转变换。发动机高速、大负荷工况下耗油较多时,燃油泵以高速运转;发动机在低速、中小负荷工况下工作时,燃油泵以低速运转,以减少不必要的燃油泵磨损和电能消耗。

e. 自动停转保护功能:发动机熄火后,即使点火开关仍处于接通状态,油泵也能自动停转。这一功能可防止汽车因碰撞等事故造成油管破裂时燃油大量外溢,从而避免因点火开关处于接通位置引起火灾。

油泵控制电路的上述功能不一定完全反映在某一车型上,各车型控制电路所能实现的控制功能不尽相同,有的控制功能较少,有的控制功能较多。

② 电动燃油泵的控制电路。

a. 由 ECU 控制的油泵控制电路。

采用 ECU 控制的油泵控制电路如图 3-3 所示。该控制电路由 ECU 和电路断开继电器对油泵工作进行控制。

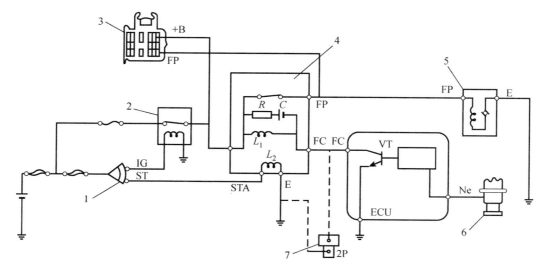

1—点火开关;2—主继电器;3—检查插座;4—油泵继电器;5—油泵;6—分电器;7—油泵检查开关

图 3-3 采用 ECU 控制的油泵控制电路

b. 具有转速控制的油泵控制电路。

发动机在低速或中小负荷下工作时,供油量相对较小,此时需要油泵低速运转,以减少磨损、噪声和不必要的电能消耗。发动机在高速或大负荷下工作时,供油量较大,此时需要油泵高速运转,以增加泵油量。为此,某些车型的油泵控制电路采用了低速和高速两级控制。

要改变油泵的运转速度,只要改变加在油泵上的电压即可。目前,常见的油泵转速控制方式有电阻器控制式和专用 ECU 控制式两种。

如图 3-4 所示为电阻器控制式油泵转速控制电路,它在油泵控制电路中增设一个电阻器(降压电阻)和燃油泵控制继电器。当电阻器被串入油泵电路中时,加在油泵上的电压降低,油泵低速运转;当电阻器被隔除时,电压升高,油泵高速运转。这样就可实现油泵的变速控制。

发动机在低速或中小负荷下工作时,ECU 控制晶体管 VT_2 导通,燃油泵控制继电器线圈通电,使触点 A 闭合,电阻器被串入油泵电路中,燃油泵两端的电压低于蓄电池电压,燃油泵低速运转。

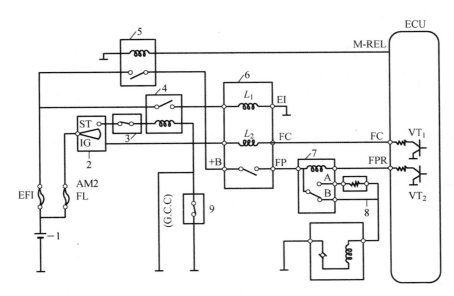

1—蓄电池；2—点火开关；3—空挡启动开关；4—启动继电器；5—主继电器；
6—电路断开继电器；7—燃油泵控制继电器；8—电阻器；9—防盗ECU

图 3-4　电阻器控制式油泵转速控制电路

发动机在高速或大负荷下工作时，ECU 控制晶体管 VT_2 截止，燃油泵控制继电器触点 B 闭合，电阻器被隔除，蓄电池电压接加在燃油泵两端，燃油泵高速运转。

如图 3-5 所示为专用 ECU 控制式油泵转速控制电路。该控制系统中单独设置一个燃油泵 ECU，用于控制电动汽油泵工作。通过燃油泵 ECU 和发动机 ECU 的共同控制，可以实现油泵变速运转。

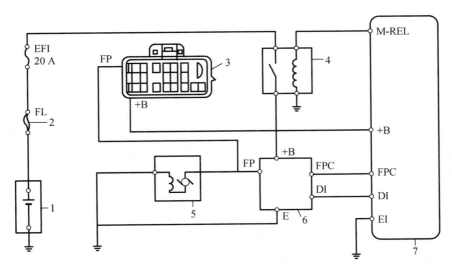

1—蓄电池；2—主易熔线；3—检查连接器；4—EFI主继电器；5—燃油泵；6—燃油泵控制ECU；7—发动机ECU

图 3-5　专用 ECU 控制式油泵转速控制电路

发动机在启动或高速、大负荷下工作时,发动机 ECU 向燃油泵 ECU 的 FPC 端输入一个高电位信号,此时燃油泵 ECU 的 FP 端向油泵供给较高的电压(12～14 V),使油泵高速运转。

发动机启动后,在低速或小负荷下工作时,发动机 ECU 向燃油泵 ECU 的 FPC 端输入一个低电位信号,此时燃油泵 ECU 的 FP 端向油泵供给低于蓄电池电压的电压(约 9 V),使油泵低速运转。

当发动机转速低于规定的最低转速(如 120 r/min)时,燃油泵 ECU 断开油泵电路,使油泵停止工作,此时尽管点火开关处于接通状态,油泵也不工作。

2. 燃油滤清器

燃油滤清器的作用是把发动机汽油中的氧化铁、粉尘等固体杂物除去,防止汽油供给系统堵塞,减小机械磨损,确保发动机稳定行驶,提高可靠性。

燃油滤清器应具有过滤效率高、寿命长、压力损失小、耐压性能好、体积小和质量轻等性能。

燃油滤清器的结构如图 3-6 所示。滤芯阻塞会导致油压下降、启动困难、发动机功率降低,应按规定更换燃油滤清器。一般采用纸质滤芯,每行驶 20 000～40 000 km 或 1～2 年应更换,安装时应注意燃油流动方向的箭头,不能装反。

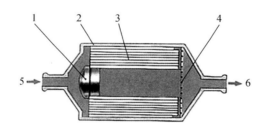

1—油塞;2—壳体;3—滤芯;4—滤网;5—入油口;6—出油口

图 3-6 燃油滤清器

3. 燃油脉动阻尼器

喷油器喷油时,在输油管道内会产生燃油压力脉动,燃油脉动阻尼器的作用是使压力脉动衰减,以减小这种波动和降低噪声。燃油脉动阻尼器由膜片和弹簧组成减振结构,如图 3-7 和图 3-8 所示。

发动机工作时,燃油经过燃油脉动阻尼器膜片下方进入输油管,当燃油压力产生脉动时,膜片弹簧被压缩或伸张,膜片下方的容积稍有增大或减小,从而起到稳定燃油系统压力的作用。

4. 油压调节器

燃油压力调节器(油压调节器)的主要功能是通过油压和进气负压的共同作用,使燃油分配管中的油压与进气歧管中的气压之差保持在 250～300 kPa 范围内,以保证喷油器喷油量的大小只与喷嘴开启时间有关,而与系统油压、进气歧管的负压等参数无关。油压调节器的结构如图 3-9 所示。

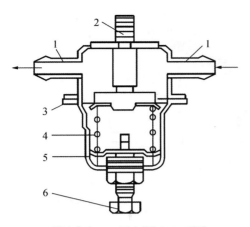

1—燃油接头；2—固定螺钉；3—膜片；
4—压力弹簧；5—壳体；6—调节螺钉

图 3-7 安装在回油管道上的燃油脉动阻尼器

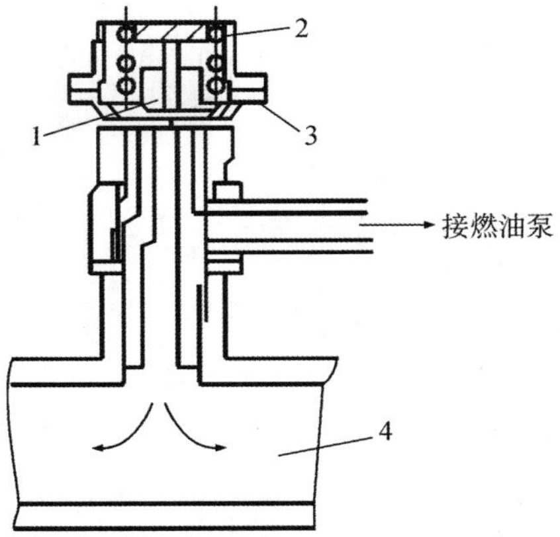

1—阀；2—弹簧；3—膜片；4—供油总管

图 3-8 安装在供油总管上的燃油脉动阻尼器

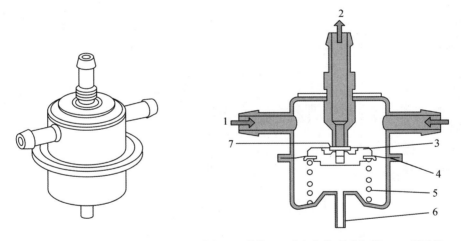

1—进油口；2—回油口；3—阀座；4—膜片；5—弹簧；6—真空接管(接进气管)；7—平面阀

图 3-9 燃油压力调节器结构

5. 喷油器

喷油器根据发动机 ECU 发出的喷油脉冲信号，将计量精确的燃油适时、适量地喷入节气门附近的进气歧管内，其结构如图 3-10 所示。它由滤网、电接头、电磁线圈、回位弹簧、衔铁和针阀等组成。轴针式喷油器针阀下部还有一段探入喷口的轴针，不喷射时，弹簧将针阀压紧在阀座上，防止滴漏，停喷瞬时，弹簧使针阀迅速回位，断油干脆。轴针式喷油器可使燃油以环状喷出，有利于雾化，且由于轴针在喷口中不断运动，使喷口不易阻塞。

喷油器通过绝缘垫圈安装在各进气歧管或缸盖上，并用输油管路固定。喷油器有几种不同的分类方式：按燃料的送入位置可分为上部给料式和下部给料式；按喷口形式可分为孔式和轴针式；按电磁线圈阻值可分为低阻式和高阻式；按驱动方式可分为电压驱动式和电流驱动式。

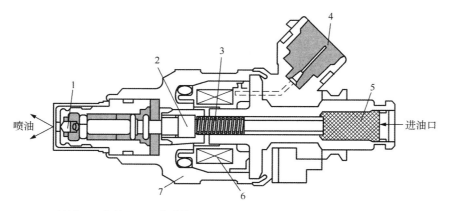

1—针阀；2—衔铁；3—回位弹簧；4—电接头；5—滤网；6—电磁线圈；7—壳体

图 3-10　喷油器结构

电流驱动只适用于低阻喷油器；电压驱动既可用于低阻喷油器，又可用于高阻喷油器。低阻喷油器指电磁线圈电阻值为 $2\sim5\ \Omega$ 的喷油器，高阻喷油器指电磁线圈电阻值为 $12\sim16\ \Omega$ 的喷油器。

工作原理：ECU 的喷油控制信号将喷油器与电源回路接通时，电磁线圈通电并在周围产生磁场，吸引衔铁移动，而衔铁与针阀一体，因此针阀克服弹簧张力而打开，燃油即开始喷射。当 ECU 将电路切断时，吸力消失，弹簧使针阀关闭，喷射停止。喷油量的多少取决于针阀行程、喷口截面积、喷射环境压力与燃油压力的压差及喷油时间。当这些因素确定时，喷油量就取决于针阀的开启时间，即电磁线圈的通电时间。

6. 燃油分配管

燃油分配管总成如图 3-11 所示，用螺栓固定，安装在进气歧管下部的 4 个固定座上。燃油分配管与喷油器相连接，并向喷油器分配燃油。

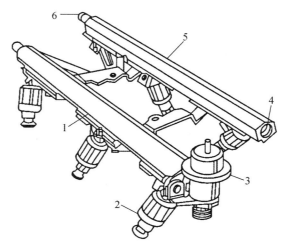

1，5—油道；2—喷油器；3—汽油压力调节器；4—进油口；6—油压测试口

图 3-11　燃油分配管总成

任务实施

任务工单　燃油供给系统结构认知

学生姓名		班级		学号	
实训场地		学时		日期	

一、任务计划

请根据任务要求,确定所需要的场地和物品,并对小组成员进行合理分工,制订详细的工作计划。

1. 场地及物品准备

检查及记录完成任务需要的场地、设备、工具及材料。

(1)场地。

检查工作场地是否清洁,是否存在安全隐患,如不正常,请汇报教师并及时处理。

记录:

(2)车辆、总成、工件。

车辆:

其他:

(3)设备及工具。

防护装备:

设备及工具:

(4)材料。

材料:

(5)安全要求及注意事项。

① 实训汽车停在实训工位上,没有经过教师批准不准启动。经教师批准启动后,首先应检查车轮的安全顶块是否放好,汽车手制动是否拉好,排挡杆是否放在 P 挡(A/T)或空挡(M/T),车前是否有人。

② 发动机运行时不能把手伸入,防止造成意外事故。

③ 没有经过教师批准不允许随意连接或拔下电控元器件。

④ 点火开关接通时,不允许连接或拔下电控系统元器件的接插件。

⑤ 蓄电池的极性不能接反,否则将烧毁 ECU 与电子元器件。

⑥ 禁止使用启动电源辅助启动发动机,防止损坏电控系统元件。

2. 小组成员及分工

你所在小组成员:

你所负责的工作:

3. 操作流程

认识发动机燃油喷射系统各元器件及安装位置。

步骤1:

步骤2：

步骤3：

步骤4：

步骤5：

步骤6：

步骤7：

步骤8：

二、任务实施

认知电控发动机的燃油供给系统元件与安装位置，根据制订的计划实施，完成以下任务并记录。

认真听教师讲解，在实训车上找到下表中的元器件，填写表格。

序号	元器件名称	安装位置简述	导线数	作用简述
1	油箱			
2	燃油泵			
3	燃油滤清器			
4	燃油分配管			
5	油压调节器			
6	喷油器			
7	进油管和回油管			

注：如果实训车上没有表格上所列的元件或导线，则不填内容。

三、任务检查

根据任务完成情况，学生根据下表自我评分，教师或指定组长在过程巡视或验收检查时，发现问题直接扣分，并在备注栏签名。

技能考核标准表

序号	项目	操作内容	标准分	实际评分	备注
1	任务准备 （10分）	场地准备	2		
		车辆/总成/工件准备	2		
		设备/工具准备	2		
		材料准备	2		
		仪容仪表/精神面貌准备	2		
2	实施过程 （30分）	元件认知	10		
		位置寻找	10		
		作用描述	10		

续表

序号	项目	操作内容	标准分	实际评分	备注
3	完成质量 (20分)	元件认知正确	10		
		位置寻找准确	10		
4	完成时间 (10分)	90 min	10		
5	安全操作 (20分)	个人防护	5		
		设备安全	5		
		人员安全	5		
		场地安全	5		
6	5S工作 (10分)	场地清洁	5		
		设备/工具/材料归位 电源/气源关闭	5		
	总　　分		100		

四、任务评估

1. 自我评价及反馈

(1) 通过本任务的学习,对照本任务的学习目标,你认为你的掌握情况如何?

知识目标:(　　)

　A. 掌握　　　　　　B. 部分掌握　　　　C. 未掌握

说明:

技能目标:(　　)

　A. 掌握　　　　　　B. 部分掌握　　　　C. 未掌握

说明:

(2) 你是否积极学习,不会的内容积极向别人请教,会的积极帮助他人学习?(　　)

　A. 积极学习　　　　　　　　　　　B. 积极请教

　C. 积极帮助他人　　　　　　　　　D. 三者均不积极

(3) 工具、设备和零件有没有落地现象发生?有无保持作业现场清洁?(　　)

　A. 无掉地且场地清洁　　　　　　　B. 有颗粒掉地

　C. 保持作业现场清洁　　　　　　　D. 未保持作业现场清洁

(4) 实施过程中是否注意操作质量?有无责任心?(　　)

　A. 注意质量,有责任心　　　　　　B. 不注意质量,有责任心

　C. 注意质量,无责任心　　　　　　D. 全无

(5) 在操作过程中是否注意清除隐患?在有安全隐患时是否提示其他同学?(　　)

　A. 注意,提示　　　　　　　　　　B. 不注意,未提示

学生签名:　　　　　　　年　　月　　日

2. 教师评价及答复

参照成果展示的得分，学生本次任务成绩(请在□上打√)：

□不合格　　□合格　　□良好　　□优秀

教师签名：　　　　　　年　　月　　日

任务二　燃油供给系统检修

任务目标

- 掌握燃油供给系统的检修方法。

任务引入

燃油供给系统是电子燃油喷射系统的重要组成部分，也是发动机故障发生率较高的系统之一，其故障直接影响发动机的使用性能。作为一名汽车机电维修人员，经常要对燃油系统进行例行维护与检修。

必备知识

一、燃油系统油压的检查

从蓄电池上拆下搭铁线(蓄电池的电压应不低于11.5 V)，拆下输油管与主油管的连接螺栓，取下两个密封垫圈，将系统残余油压泄掉，注意接好漏油，用3个新的密封垫圈及接头螺栓把油压表接在输油管和主油管之间。

分别在下列条件(工况)下检查油压：

(1) 静止油压。

打开点火开关但不发动汽车，ECU将控制燃油泵工作2~3 s，配备叶片式空气流量计的电喷发动机可跨接燃油泵，使之运转2~3 s。

(2) 启动工况油压。

(3) 怠速工况油压。

(4) 正常运行工况油压。

(5) 系统最高油压。

检查系统最高油压时，可将回油管夹住，使回油管停止回油，此时压力表指示油压应比没夹住回油管时高出2~3倍，否则燃油泵性能下降，泵油压力不足。

(6) 管路油压回落检查。

接通点火开关并连续启动15 s，记下油压表所指示的压力，待30 s后再次观察油压表指示的压力，其值不应回落。若油压有明显的回落，则再次启动15 s，然后夹住油压调节器回油管。若30 s后油压不再回落，则说明油压调节器泄漏。若夹住回油管后油压仍然下降，则夹住燃油压力调节器的进油口，再启动15 s以后油压不再回落，则说明燃油泵单向止回阀泄漏,应更换燃油泵。

以上各种条件下的油压应符合各车原厂所规定的数值(检修时请查阅相关手册)。

二、燃油泵及其控制电路的检查

要检查燃油泵控制电路,首先必须熟悉该车型的燃油泵控制电路,因为不同车型燃油泵控制电路有差别,因此检查的方法、步骤不尽相同。但检查的基本方法和思路是相同的,大致可按下列步骤进行:

1. 检查燃油泵的电源供给电路

燃油泵电源供给电路一般受 EFI 系统主继电器及熔断器控制。当熔断器断路或主继电器出现故障时,接通点火开关,燃油泵控制 ECU 的＋B 端子将无电压。

2. 检查燃油泵控制电路

燃油泵工作电路主要由燃油泵继电器控制,燃油泵继电器受 ECU 控制。

(1) 检查燃油泵继电器和燃油泵 ECU。

(2) 检查燃油泵调速附加电阻(旁路电阻)。

(3) 检查 ECU 控制线路 FC、FPC、DI 等端子(丰田车系)。

(4) 检查燃油泵。拔下燃油泵线路连接器,用多用表欧姆挡测量燃油泵电动机连接器插座两端子间的电阻值。若电阻为无穷大,则电动机内部有断路故障或电刷接触不良。若电阻为零,则电动机内部有短路故障。这两种情况均应更换燃油泵。

三、喷油器及其控制电路的检修

喷油器是燃油供给系统中的重要组成部件。喷油器及其控制电路性能的好坏对发动机工作性能的好坏甚至能否工作都影响很大。喷油器及其控制电路的检修内容如下:

1. 喷油器的就车检查

(1) 喷油器工作情况的检查。

喷油器的工作情况可通过检查喷油器的工作声音和发动机转速变化来了解。

发动机运转时用手指接触喷油器,应有脉冲振动的感觉,用螺丝刀或听诊器与喷油器接触,应能听到其有节奏的工作声;否则表明喷油器工作不正常,应对喷油器或 ECU 输出的喷油信号做进一步检查。

在采用断油检查方法时,若拔下某缸喷油器线束插头,停止喷油,发动机转速立即下降,表明该喷油器工作正常;否则表明喷油器不工作或工作不良,应做进一步检查。如果喷油器针阀完全卡死,则应更换喷油器。

(2) 喷油器电磁线圈电阻的检查。

检查时拔下喷油器线束插头,用多用表测量其接线柱间的电阻。在 20 ℃时,对于高阻喷油器来说,其电阻应为 12～16 Ω;对于低阻喷油器来说,其电阻应为 2～5 Ω,否则应予以更换。

2. 喷油器的检验

(1) 喷油器泄漏情况的检查。

将喷油器装在分配油管上,用一根油管将车上的过滤器出口与分配油管进口连接,另一根油管接回油管。然后用一根导线将燃油泵的两个检测插孔短接,并打开点火开关。这时,燃油泵开始运转,注意观察喷油器有无漏油。如漏油,其漏油量在 1 min 内应少于 1 滴,否则应予以更换。

(2) 喷油器喷油量的检验。

准备工作与检查泄漏时的相同。检验时用导线分别将喷油器与蓄电池相连接,并用量杯测量一定时间内的喷油量。各种车型喷油量互不相同,一般为 50～70 mL/15 s。每个喷油器应重复测量 2～3 次,相互间的喷油量差值应小于其喷油量的 10%,否则应予以清洗或更换。

(3) 喷油器控制电路的检查。

喷油器控制电路一般均由点火开关或主继电器供电,由 ECU 控制喷油器的搭铁回路。检查方法如下:

① 拔下喷油器连接器插头。

② 接通点火开关,不要启动发动机。

③ 测量喷油器控制线连接器插头上的电源线的电压,应为 12 V;若无电压,应检查点火开关及熔断器或主继电器及线路。

④ 检查 ECU 喷油器搭铁线、搭铁是否良好。

⑤ 将专用检测试灯串接到喷油器连接器两插头上,启动发动机,试灯应闪烁;试灯不亮或不闪烁则表明控制回路有故障,可检查喷油器至 ECU 的线路和 ECU 是否有故障,也可用示波器检测喷油器脉冲波形,对控制电路进行检查。

任务工单　燃油供给系统检修

学生姓名		班级		学号	
实训场地		学时		日期	

一、任务计划

请根据任务要求,确定所需要的场地和物品,并对小组成员进行合理分工,制订详细的工作计划。

1. 场地及物品准备

检查及记录完成任务需要的场地、设备、工具及材料。

(1) 场地。

检查工作场地是否清洁,是否存在安全隐患,如不正常,请汇报教师并及时处理。

记录:

(2) 车辆、总成、工件。

车辆:

其他:

(3) 设备及工具。

防护装备:

设备及工具:

（4）材料。

材料：

（5）安全要求及注意事项。

① 实训汽车停在实训工位上，没有经过教师批准不准启动。经教师批准启动后，首先应检查车轮的安全顶块是否放好，汽车手制动是否拉好，排挡杆是否放在 P 挡（A/T）或空挡（M/T），车前是否有人。

② 发动机运行时不能把手伸入，防止造成意外事故。

③ 没有经过教师批准不允许随意连接或拔下电控元器件。

④ 点火开关接通时，不允许连接或拔下电控系统元器件的接插件。

⑤ 蓄电池的极性不能接反，否则将烧毁 ECU 与电子元器件。

⑥ 禁止使用启动电源辅助启动发动机，防止损坏电控系统元件。

2. 小组成员及分工

你所在小组成员：

你所负责的工作：

3. 操作流程

根据任务，小组进行讨论，确定工作计划（流程/工序），并记录。

（1）燃油泵及控制电路检测。

步骤1：

步骤2：

步骤3：

步骤4：

步骤5：

步骤6：

步骤7：

步骤8：

（2）喷油器及控制电路检测。

步骤1：

步骤2：

步骤3：

步骤4：

步骤5：

步骤6：

步骤7：

步骤8：

（3）燃油压力测量。

步骤1：

步骤2：

步骤3：

步骤 4：
步骤 5：
步骤 6：
步骤 7：
步骤 8：

二、任务实施

根据制订的计划实施，完成以下任务并记录。

1. 燃油泵及控制电路检测

（1）检查燃油泵工作情况。

操作测试条件	操作步骤	标准	实际结果
打开点火开关			
不启动发动机			
连接诊断仪			

（2）燃油泵测试。

项目	方法	标准	实际结果
线圈测试	断开燃油泵插头；使用多用表欧姆挡（200 Ω 量程）测量		
通电测试	蓄电池直接通电；时间不得超过 10 s；在蓄电池侧断开/接通		

（3）燃油泵控制电路检测。

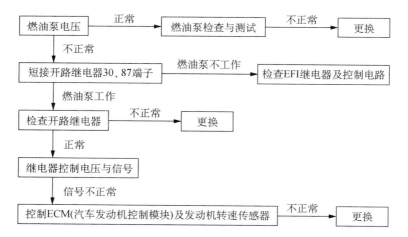

2. 喷油器及控制电路检测

（1）拔下喷油器插头，将多用表欧姆挡调至 200 Ω 量程，测量喷油器端子。

标准值：　　　　　实际值：

（2）使用多用表电压挡测量喷油器插头 1 号端子和对地之间的电压。

标准值：　　　　　实际值：

（3）插回喷油器插头，使用试灯连接喷油器两个端子，启动发动机。

标准值：　　　　　　实际值：

3. 燃油压力测试

（1）检查油箱中的燃油，释放燃油系统压力。

（2）检查蓄电池，拆下负极电缆。

（3）将专用压力表接在进油管接头处。

（4）接上负极电缆，启动发动机，并使其维持怠速运转。

（5）观察怠速时的燃油压力。

（6）夹住回油管观察最大压力。

（7）怠速时，拔掉燃油压力调节器的真空软管，观察燃油压力。

（8）将发动机熄火，观察燃油压力；等待 10 min 后观察压力表的压力。

（9）检查完毕后，释放系统压力并拆下油压表，装复燃油系统。

操作方法	燃油压力读数	
	标准值/kPa	实际值/kPa
启动发动机		
熄火 10 min 后		
拔掉真空管		

三、任务检查

根据任务完成情况，学生根据下表自我评分，教师或指定组长在过程巡视或验收检查时，发现问题直接扣分，并在备注栏签名。

技能考核标准表

序号	项目	操作内容	标准分	实际评分	备注
1	任务准备（10分）	场地准备	2		
		车辆/总成/工件准备	2		
		设备/工具准备	2		
		材料准备	2		
		仪容仪表/精神面貌准备	2		
2	实施过程（30分）	燃油泵检测	10		
		喷油器检测	10		
		燃油压力测试	10		
3	完成质量（20分）	测量数据准确	10		
		排除故障	10		
4	完成时间（10分）	90 min	10		

续表

序号	项目	操作内容	标准分	实际评分	备注
5	安全操作（20分）	个人防护	5		
		设备安全	5		
		人员安全	5		
		场地安全	5		
6	5S工作（10分）	场地清洁	5		
		设备/工具/材料归位 电源/气源关闭	5		
	总　分		100		

四、任务评估

1. 自我评价及反馈

（1）通过本任务的学习，对照本任务的学习目标，你认为你的掌握情况如何？

知识目标：（　　）

A. 掌握　　　　　　B. 部分掌握　　　　　C. 未掌握

说明：

技能目标：（　　）

A. 掌握　　　　　　B. 部分掌握　　　　　C. 未掌握

说明：

（2）你是否积极学习，不会的内容积极向别人请教，会的积极帮助他人学习？（　　）

A. 积极学习　　　　　　　　　　B. 积极请教

C. 积极帮助他人　　　　　　　　D. 三者均不积极

（3）工具、设备和零件有没有落地现象发生？有无保持作业现场清洁？（　　）

A. 无掉地且场地清洁　　　　　　B. 有颗粒掉地

C. 保持作业现场清洁　　　　　　D. 未保持作业现场清洁

（4）实施过程中是否注意操作质量？有无责任心？（　　）

A. 注意质量，有责任心　　　　　B. 不注意质量，有责任心

C. 注意质量，无责任心　　　　　D. 全无

（5）在操作过程中是否注意清除隐患？在有安全隐患时是否提示其他同学？（　　）

A. 注意，提示　　　　　　　　　B. 不注意，未提示

学生签名：　　　　　　　年　　月　　日

2. 教师评价及答复

参照成果展示的得分，学生本次任务成绩（请在□上打√）：

□不合格　□合格　□良好　□优秀

教师签名：　　　　　　　年　　月　　日

项目四 汽油机燃油喷射电子控制系统检修

项目描述

电子控制系统的功用主要是根据发动机运转状况和车辆运行状况确定燃油的最佳喷射量。在电控燃油喷射系统中,喷油量控制是最基本的也是最重要的控制内容,ECU根据空气流量信号和发动机转速信号确定基本的喷油时间(喷油量),再根据其他传感器(如冷却液温度传感器、节气门位置传感器等)对喷油时间进行修正,并按最后确定的总喷油时间向喷油器发出指令,使喷油器喷油(通电)或断油(断电)。

学习目标

1. 知识目标

(1) 掌握电子控制系统的功用与组成。

(2) 掌握电子控制系统传感器的作用、安装位置、工作原理、分类、测量方法及常见故障。

(3) 掌握电子控制系统执行器的作用、安装位置、工作原理、分类、测量方法及常见故障。

2. 技能目标

学会使用多用表、示波器、故障诊断仪等检测装置。

任务一 燃油喷射电子控制系统认知

任务目标

- 掌握电子控制系统的功用与组成。
- 掌握电子控制系统传感器和执行器的作用、安装位置、工作原理、分类。

任务引入

电子控制系统的功用主要是根据发动机运转状况和车辆运行状况确定燃油的最佳喷射量。

必备知识

一、电子控制系统的功用与组成

1. 电子控制系统的功用

电子控制系统的功用为:利用系统中各传感器将监测到的发动机运行状态参数转换成电信号,输入发动机 ECU 中,ECU 根据这些信号,计算出喷油器的通电时间,并接通喷油器电路,使喷油器喷油,从而对喷油器的喷油时刻、喷油量进行精确的控制,使发动机在各种工况下都能获得最佳浓度的可燃混合气。

2. 电子控制系统的组成

燃油喷射电子控制系统主要由传感器、ECU、执行器三部分组成,如图 4-1 所示。

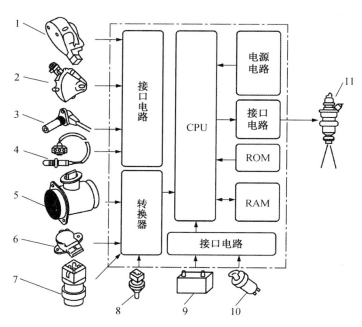

1—凸轮轴位置传感器;2—车速传感器;3—曲轴位置传感器;4—氧传感器;5—空气流量计;
6—节气门位置传感器;7—水温传感器;8—进气温度传感器;9—蓄电池;10—点火开关;11—喷油器

图 4-1 燃油喷射电子控制系统的组成

3. 喷油正时和喷油量控制

(1) 喷油正时控制。

喷油正时控制即控制喷油器开始喷油的时刻。最佳的喷油正时一般是使各缸进气行程的开始时刻与喷油结束时刻同步。喷油正时控制有同步喷射和异步喷射两种控制方式。

① 同步喷射。

定义:是指汽油的喷射与发动机运转同步,ECU 根据曲轴的转角位置来控制开始喷油的时刻。同步喷射又分为同时喷射、分组喷射和顺序喷射。

适用范围:发动机稳定工况的大部分运转时间里以同步方式工作。

② 异步喷射。

定义：是指 ECU 只根据传感器的输入信号控制开始喷油的时刻，与曲轴转角位置无关。它是一种临时的补偿性的喷射。

适用范围：发动机处于启动、加速等非稳定工况。

（2）喷油量控制。

① 启动喷油控制。

a. 启动时的同步喷油量控制。

在发动机转速低于规定值或点火开关接通位于 STA（启动）挡时，ECU 根据冷却液温度确定基本喷油时间，根据进气温度传感器（THA 信号）对喷油时间做修正（延长或缩短）；然后再根据蓄电池电压适当延长喷油时间，以实现喷油量的进一步修正，即电压修正。

b. 启动时的异步喷油量控制。

在有些电控汽油喷射系统中，为了改善发动机的启动性能，在启动时使混合气加浓。除了一般正常的曲轴转一圈喷一次油外，在启动信号 STA 处于接通状态时，ECU 从接收到凸轮轴位置传感器信号后检测到第一个转速信号（Ne 信号）开始，以一个固定喷油持续时间，同时向各缸增加一次喷油。

② 启动后的同步喷油量控制。

启动后转速超过预定值时，ECU 确定的喷油时间为：

$$喷油持续时间 = 基本喷油时间 \times 喷油修正系数 + 电压修正值$$

基本喷油时间是实现既定空燃比（即理论空燃比）的喷射时间。

在 D 型系统中，ECU 根据发动机转速信号和进气管绝对压力信号确定基本喷油时间。在 L 型系统中，ECU 根据发动机转速信号和空气流量信号确定基本喷油时间。

各工况基本喷油时间和各修正系数（或值）均贮存在 ECU 中。

喷油修正包括：启动后加浓（额外增加喷油量）、暖机修正（暖机过程中，随发动机温度升高减少喷油量）、进气温度修正（随进气温度提高减少喷油量）、大负荷修正（根据发动机负荷增加喷油量）、过渡工况修正（加速或减速时修正）。

二、传感器

传感器是信号转换装置，安装在发动机的各个部位，其功用是检测发动机运行状态的电量参数、物理参数和化学参数等，并将这些参数转换成计算机能够识别的电信号输入 ECU。检测发动机工况的传感器有：空气流量计、水温传感器、进气温度传感器、曲轴位置传感器、节气门位置传感器、车速传感器、氧传感器、爆震传感器、空调离合器开关等。

1. 空气流量计

空气流量计是测量发动机进气量的装置，它将吸入的空气量转换成电信号送至 ECU，作为决定喷油量的基本信号之一，主要用于 L 型 EFI 系统。

根据测量原理不同，空气流量计有叶片式、卡门旋涡式、热线式及热膜式几种类型。

（1）热线式空气流量计。

在这种流量计的前后端均装有金属防护网，前面的用于进气整流，后面的用于防止发动机回火时把铂丝烧坏,防护网用卡箍固定在壳体上,如图 4-2 所示。流量计的铂丝和进气温度传感器都安装在主气道中的取样管内,称之为主通式热线空气流量计;另一种流量计是把铂丝绕在陶瓷芯管上,并置于旁通气道内,称之为旁通式热线空气流量计。热线式空气流量计在使用一段时间后,由于铂丝表面受空气尘埃沾污,会造成热辐射能力降低而影响传感器的测量精度,因此控制电路中设计有"自洁电路"来实现自洁功能。每当 ECU 接收到发动机熄火的信号时,ECU 将控制自洁电路接通,将铂丝加热到 1 000 ℃左右,并持续 1 s 时间,将沾附在铂丝上的尘埃烧掉。另一种防止铂丝沾污的方法是提高其保持温度,一般将保持温度设定在 200 ℃以上,以便烧掉沾附的污物。热线式空气流量计的工作原理如图 4-3 所示。

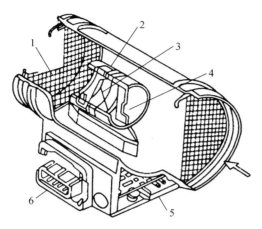

1—防护网;2—取样管;3—铂金热线;
4—温度补偿电阻;5—控制线踏板;6—连接器

图 4-2 热线式空气流量计

（2）热膜式空气流量计。

热膜式空气流量计的结构如图 4-4 所示。其结构和工作原理与热线式空气流量计基本相同,只是把发热体由热线改为热膜,热膜是把发热金属铂固定在树脂薄膜上构成的。这种结构可使发热体不直接承受空气流动所产生的作用力,增加了发热体的强度,提高了空气流量计的可靠性。

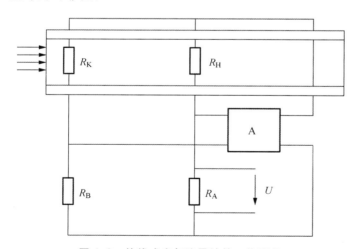

图 4-3 热线式空气流量计的工作原理

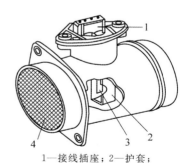

1—接线插座;2—护套;
3—铂金属膜;4—防护网

图 4-4 热膜式空气流量计

热线式和热膜式空气流量计的响应速度很快,能在几毫秒时间内反映出空气流量的变化,因此其测量精度不会受到进气气流脉动的影响(气流脉动在发动机大负荷、低转速运转时最为明显),测量精度高;因其测量的是质量流量,避免了海拔不同引起的误差;此外,还具有进气阻力小、无磨损部件和使用寿命长等优点。

热膜式空气流量计的输出特性与热线式一样,其输出特性为:随着发动机的进气量增大,输出的信号电压升高。

2. 进气歧管绝对压力传感器

采用速度密度方式检测进气量的 EFI 系统(如 Bosch 公司的 D 型系统),是利用进气歧管绝对压力传感器来间接地测量发动机吸入的空气量的。空气在进气歧管内流动时会产生压力变化,进气歧管绝对压力传感器通过检测发动机进气歧管内空气绝对压力(真空度)的变化并转换成电压信号,间接地测量进气量,与转速信号一起输送到微机控制装置,作为决定喷油器基本喷油量的依据。

进气歧管绝对压力传感器的种类较多,根据其信号转换原理可分为半导体压敏电阻式、电容式、膜盒式和表面弹性波式等。其中,半导体压敏电阻式、电容式进气压力传感器应用较为广泛,特别是半导体压敏电阻式进气歧管绝对压力传感器具有尺寸小、精度高、成本低以及响应性、再现性、抗振性好等优点,其结构如图 4-5 所示。

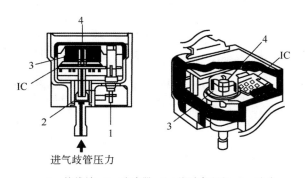

1—接线端;2—滤清器;3—绝对真空室;4—硅片

图 4-5 半导体压敏电阻式进气歧管绝对压力传感器结构

进气歧管绝对压力传感器由压力转换元件、放大压力转换元件输出信号的集成电路(IC)和真空室构成。进气歧管绝对压力传感器用一真空软管与进气管相连接,将进气管内的压力转换为电压信号输出。压力转换元件是硅(膜)片。硅(膜)片的一面真空,另一面作用的是进气管压力。在进气管压力作用下,硅片将产生变形,使硅片的电阻阻值发生变化,从而使电桥电压变化。电桥电压变化很小,需通过 IC 放大后输出到 ECU 的 PIM 端子,ECU 的 V_{cc} 为 IC 提供一个 5 V 的电源。

由于进气歧管绝对压力传感器结构和测量原理的要求,进气歧管绝对压力传感器安装在振动较小的车身处,用一根橡胶管与进气总管相连作为取气管。

3. 节气门位置传感器

节气门位置传感器安装在节气门体上,与节气门轴同轴设置。它将节气门打开的角度转换成电压信号送到 ECU,以便在节气门不同开度时控制喷油量。怠速触点端子 IDL 信号主要用于断油控制和点火提前角的修正。ECU 根据节气门开度输出信号(VTA)或全负荷信号(PSW)增加喷油量,以提高发动机的输出功率。

(1) 线性输出式节气门位置传感器。

如图 4-6 所示,这种传感器利用触点在电阻体上的滑动来改变电阻值,测得节气门开度的线性输出电压,可知节气门开度。节气门全关时电压信号应约为 0.5 V;随着节气门增大,信号电压增强,全开时约为 5 V。

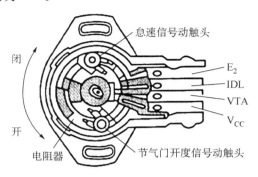

图 4-6 线性输出式节气门位置传感器

（2）开关量输出式节气门位置传感器。

开关量输出式（或称开关式）节气门位置传感器，由一个活动触点和两个固定触点——功率触点（全开触点）及怠速触点构成,如图 4-7 所示。活动触点沿导向凸轮沟槽移动，导向凸轮由固定在节气门轴上的控制杆驱动。节气门全关闭时，活动触点与怠速触点接触，可检测节气门的全关闭状态。当节气门开度达 50% 以上时，活动触点与功率触点接触，可检测节气门的大开度状态。在中间开度时，活动触点同哪一个触点都未接触。

开关量输出式节气门位置传感器与线性输出式节气门位置传感器相比，其检测精度较差。

（3）综合式节气门位置传感器。

综合式节气门位置传感器是在线性输出式节气门位置传感器的基础上加装了一个怠速触点，如图 4-8 所示。

怠速时，怠速触点闭合，输出怠速工况信号，其他工况随节气门开度的变化，电位计的电阻也变化，从而将节气门开度转变为电压信号输送给 ECU。当节气门关闭或开度小于 1.2° 时，怠速触点闭合，其输出端 IDL 输出低电压（0 V）；当节气门开度大于 1.2° 时，怠速触点断开，输出端 IDL 输出高电压（5 V 或 12 V）。即当节气门开度变化时，可变电阻的滑臂随节气门轴转动，滑臂上的触点便在滑动电阻片上滑动，传感器输出端子 VTA 与 E_2 之间的信号电压随之发生变化。节气门开度越大，输出的信号电压越高。

拧松节气门位置传感器的两个固定螺钉，在节

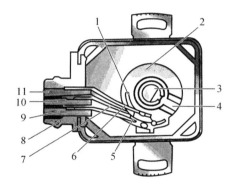

1—导向凸轮槽；2—导向凸轮；3—节气门轴；
4—控制杆；5—怠速触点；6,11—全开触点；
7—活动触点；8—插头；9—怠速触点；
10—公共触点

图 4-7 开关量输出式节气门位置传感器

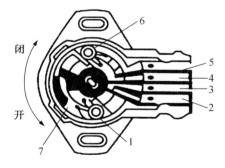

1—滑动触点（节气门全开触点）；2—V_C；
3—VTA；4—IDL；5—E_2；6—滑动触点（IDL 信号触点）；7—电阻

图 4-8 综合式节气门位置传感器

气门限位杆和限位螺钉之间插入 0.50 mm 的厚薄规,同时用多用表欧姆挡测量 IDL 与 E_2 的导通情况。逆时针转动节气门位置传感器,使怠速触点断开,然后顺时针方向慢慢转动节气门位置传感器,直至怠速触点闭合为止(多用表有读数显示),拧紧节气门位置传感器的两个固定螺钉。再先后用 0.45 mm 和 0.55 mm 的厚薄规插入节气门限位螺钉和限位杆之间,测量怠速触点 IDL 和 E_2 之间的导通情况。当厚薄规为 0.45 mm 时,IDL 和 E_2 之间应导通;当厚薄规为 0.55 mm 时,IDL 和 E_2 之间应不导通。否则应重新调整节气门位置传感器。

4. 温度传感器

温度传感器是用来测量冷却水温度、进气温度的传感器。温度传感器通常有热敏电阻式、双金属片式、热敏铁氧式、蜡式等。汽车上的温度传感器多为负热敏系数的热敏电阻式。

热敏电阻,是指这种电阻对温度非常敏感,当作用在这种电阻上的温度变化时,其阻值会随温度的变化而变化。其中,随温度升高阻值增大的叫作正温度系数型热敏电阻;相反,随温度升高阻值减小的叫作负温度系数型热敏电阻。热敏电阻温度传感器的测量电路比较简单,只要把传感器与一个精密电阻串联接到一个稳定的电源上,就能够用串联电阻的分压输出反映温度的变化。

(1)冷却液温度传感器(水温传感器)。

冷却液温度传感器用于将冷却液温度的变化转换成电信号,并提供给 ECU,作为控制系统根据发动机温度修正喷油量、点火时刻及其他控制参数的主要依据。冷却液温度传感器安装在发动机冷却水通路上(图 4-9),水温的变化将引起电阻值的变化。由于采用的是负温度系数的热敏电阻,所以当水温升高时,电阻值将会下降。

在实际电路中,ECU 中的电阻是与冷却液温度传感器的热敏电阻相串联的,故当热敏电阻的电阻值变化时,THW 处所得分压值也将随之改变。

(2)进气温度传感器。

进气温度传感器安装在空气滤清器之后的进气软管上或空气流量计上(图 4-10),其作用是测量进气的温度,并输送给 ECU 作为修正喷油量的参考依据。与冷却液温度传感器一样,进气温度传感器也具有一个负热敏系数的热敏电阻,外部以环氧树脂密封。

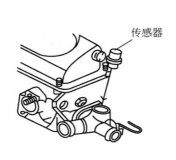

1—进气温度传感器(G72);
2—O 形密封圈;3—进气歧管

图 4-9 冷却液温度传感器安装位置　　图 4-10 进气温度传感器安装位置

5. 氧传感器

汽车安装了三元催化转换器,空燃比一旦偏离理论空燃比(14.7),三元催化剂对 CO、HC

和 NO_x 的净化能力将急剧下降。故在排气管中插入氧传感器(图 4-11),根据排气中的氧浓度测定空燃比,向微机控制装置发出反馈信号,控制空燃比接近于理论值。目前已实际应用的氧传感器有氧化锆式和氧化钛式两种,因二者的材料和特性不同,不能互换使用。正常情况下,氧传感器输出电压应在 0.1~0.9 V 之间变化,通常每 10 s 内变化 8 次。一般来说,当输出电压为 0.5~0.9 V 时说明混合气浓,当输出电压为 0.1~0.5 V 时说明混合气稀。

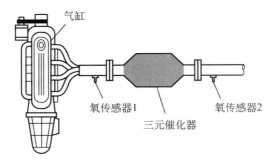

图 4-11 氧传感器安装位置

(1) 氧化锆式氧传感器。

氧化锆式氧传感器的基本元件是专用陶瓷体,即氧化锆(ZrO_2)固体电解质。陶瓷体制成试管式的管状,亦称锆管。锆管固定在带有安装螺丝的固定套中,其内表面与大气相通,外表面与废气相通。锆管内外表面都覆盖着一层多孔性的铂膜作为电极。氧传感器安装于排气管上,为了防止废气中的杂质腐蚀铂膜,在锆管外表面的铂膜上覆盖有一层多孔的陶瓷层,并且还加装一个防护套管,套管上开有槽口。氧传感器的接线端有一个金属护套,其上开有一孔,用于锆管内表面与大气相通,电线将锆管内表面铂电极经绝缘套从传感器引出。其结构如图 4-12 所示。

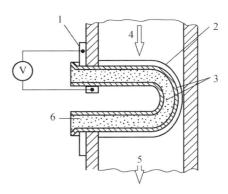

1—正极接触点;2—外电极保护层;
3—多孔铂极;4—空气(接触内电极);
5—废气(接触外电极);6—氧化锆传感元件

图 4-12 氧化锆式氧传感器结构

(2) 氧化钛式氧传感器。

氧化钛式氧传感器的优点是结构简单,造价便宜,抗腐蚀、抗污染能力强,经久耐用,可靠性高。氧化钛式氧传感器是利用二氧化钛(TiO_2)材料的电阻值随排气中氧含量的变化而变化的特性制成的,故又称电阻型氧传感器。二氧化钛是在室温下具有很高电阻的半导体,当排气中氧含量少(混合气浓)时,氧分子将脱离,使其晶体出现缺陷,便有更多的电子可用来传送电流,材料的电阻亦随之降低。此种现象与温度和氧含量有关。因此,欲将二氧化钛在 300 ℃~900 ℃ 的排气温度中连续使用,必须做温度补偿。其结构如图 4-13 所示。

6. 曲轴位置传感器

曲轴位置传感器是电控发动机中最重要的传感器,也是点火系统和燃油喷射系统共用的传感器。其功用是:检测发动机曲轴转角和活塞上止点,并将检测信号及时送至发动机 ECU,用以控制点火时刻(点火提前角)和喷油正时。同时,曲轴位置传感器亦是测量发动机转速的信号源。因此,曲轴位置传感器又称发动机转速与曲轴位置传感器,或称曲轴位置/

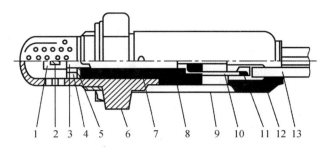

1—加热元件；2—二氧化钛传感元件；3—基片；4—垫圈；5—密封圈；6—壳体；
7—滑石粉填料；8—密封釉；9—护套；10—电极引线；11—连接焊点；12—密封衬垫；13—传感器引线

图 4-13　氧化钛式氧传感器结构

判缸/转速传感器。

曲轴位置传感器有多种形式，随车型的不同而异，就其安装部位而言，有曲轴前端、凸轮轴前端、飞轮上或分电器内，其结构形式也不完全一样；按传感器产生信号的原理，可分为电磁感应式、光电式和霍尔式三类。

（1）电磁感应式。

电磁感应式曲轴位置传感器主要由外缘带齿的触发盘（信号盘）和信号发生器两部分组成（图 4-14）。信号发生器中主要有磁头和传感器壳两部分，其中磁头由永久磁铁、铁芯和感应线圈构成。其工作原理如图 4-15 所示。

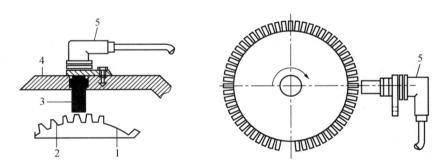

1—大齿缺；2—信号转子；3—传感器磁头；4—缸体；5—信号发生器

图 4-14　电磁感应式曲轴位置传感器结构

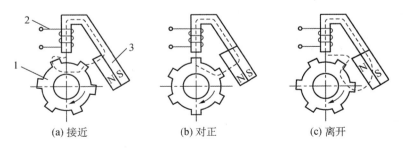

(a) 接近　　　　(b) 对正　　　　(c) 离开

1—信号转子；2—感应线圈；3—永久磁铁

图 4-15　电磁感应式曲轴位置传感器的工作原理

(2) 光电式。

① 组成：由转子、发光二极管、光敏二极管和放大器组成。

② 原理：利用发光二极管作为信号源。随转子转动，当透光孔与发光二极管对正时，光线照射到光敏二极管上产生电压信号，经放大电路放大后输送给 ECU。

(3) 霍尔式。

① 组成：由转子、永久磁铁、霍尔晶体管和放大器组成。

② 原理：ECU 提供电源使电流通过霍尔晶体管，旋转转子的凸齿经过磁场时使磁场强度改变，霍尔晶体管产生的霍尔电压放大后输送给 ECU，ECU 根据霍尔电压产生的次数确定曲轴转角和发动机转速。霍尔效应原理：叶片对永久磁铁和霍尔元件隔磁，不产生霍尔电压；叶片离开空气隙，产生霍尔电压（图 4-16）。

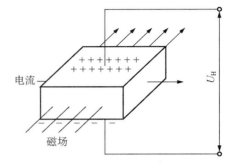

图 4-16 霍尔效应原理图

三、电子控制单元（ECU）

电子控制单元俗称行车电脑、车载电脑或 ECU，是一种电子综合控制装置。ECU 是电子控制汽油喷射装置的控制中枢，由模拟数字转换器、只读存储器 ROM、随机存储器 RAM、逻辑运算装置和一些数据寄存器等组成。它通过分析各种传感器提供的发动机工况数据，并借助于编好程序的综合特性曲线，发出喷油器和点火提前角的控制脉冲。

ECU 一般装在金属盒子内，由大量的集成电路（芯片）、印刷电路板和其他电子元件组成，从功能上可分为微处理器（MPU 或 CPU）、存储器和输入/输出电路（I/O）等。

1. 输入/输出信号处理

(1) 放大器。

放大器的作用是将输入信号放大到计算机可准确识别的程度。

(2) 模数（A/D）或数模转换器。

模数（A/D）或数模转换器的作用是将模拟信号转换成数字信号。

2. 微处理器

微处理器是计算机中计算和决策的芯片。使用较多的是一种叫单片机的微处理器，它内部有成千上万个微型三极管和二极管，这些晶体管用作电子开关。

3. 存储器

存储器一般分为三种：只能读出的存储器叫只读存储器，简称 ROM；能读出也能写入的存储器叫随机存储器，简称 RAM；能写入也能擦除的存储器叫可保持存储器，简称 KAM。

四、执行器

执行器是发动机控制系统中的执行机构，受 ECU 控制并具体执行某项控制功能，使发动机处于最佳工作状态。

发动机电控系统的执行器主要有喷油器、燃油泵继电器、进气控制阀、二次空气喷射阀等。随着控制功能的增加，执行元件也将相应增加。

项目四 汽油机燃油喷射电子控制系统检修

任务实施

任务工单 燃油喷射电子控制系统结构认知

学生姓名		班级		学号	
实训场地		学时		日期	

一、任务计划

请根据任务要求,确定所需要的场地和物品,并对小组成员进行合理分工,制订详细的工作计划。

1. 场地及物品准备

检查及记录完成任务需要的场地、设备、工具及材料。

(1) 场地。

检查工作场地是否清洁,是否存在安全隐患,如不正常,请汇报教师并及时处理。

记录:

(2) 车辆、总成、工件。

车辆:

其他:

(3) 设备及工具。

防护装备:

设备及工具:

(4) 材料。

材料:

(5) 安全要求及注意事项。

① 实训汽车停在实训工位上,没有经过教师批准不准启动。经教师批准启动后,首先应检查车轮的安全顶块是否放好,汽车手制动是否拉好,排挡杆是否放在 P 挡(A/T)或空挡(M/T),车前是否有人。

② 发动机运行时不能把手伸入,防止造成意外事故。

③ 没有经过教师批准不允许随意连接或拔下电控元器件。

④ 点火开关接通时,不允许连接或拔下电控系统元器件的接插件。

⑤ 蓄电池的极性不能接反,否则将烧毁 ECU 与电子元器件。

⑥ 禁止使用启动电源辅助启动发动机,防止损坏电控系统元件。

2. 小组成员及分工

你所在小组成员:

你所负责的工作:

3. 操作流程

认识发动机燃油喷射电子控制系统各元器件及安装位置(AJR 或其他发动机)。

步骤1：
步骤2：
步骤3：
步骤4：
步骤5：
步骤6：
步骤7：
步骤8：
步骤9：
步骤10：
步骤11：

二、任务实施

认知电控发动机的电控系统元件与安装位置，根据制订的计划实施，完成以下任务并记录。

认真听教师讲解，在实训车上找到下表中的元器件，填写表格。

序号	元器件名称	安装位置简述	导线数	作用简述
1	空气流量计			
2	进气歧管绝对压力传感器			
3	进气温度传感器			
4	节气门体（含节气门位置和电机）			
5	加速踏板位置传感器			
6	曲轴位置传感器			
7	凸轮轴位置传感器			
8	冷却液温度传感器			
9	氧传感器			
10	喷油器			
11	燃油泵			

注：如果实训车上没有表格上所列的元件或导线，则不填内容。

三、任务检查

根据任务完成情况，学生根据下表自我评分，教师或指定组长在过程巡视或验收检查时，发现问题直接扣分，并在备注栏签名。

技能考核标准表

序号	项目	操作内容	标准分	实际评分	备注
1	任务准备（10分）	车辆/总成/工件准备	3		
		设备/工具准备	3		
		材料准备	2		
		仪容仪表/精神面貌准备	2		
2	实施过程（30分）	传感器认知	10		
		执行器认知	10		
		位置寻找	5		
		作用描述	5		
3	完成质量（20分）	车型1质量	10		
		车型2质量	10		
4	完成时间（10分）	90 min	10		
5	安全操作（20分）	个人防护	5		
		设备安全	5		
		人员安全	5		
		场地安全	5		
6	5S工作（10分）	场地清洁	5		
		设备/工具/材料归位 电源/气源关闭	5		
	总　　分		100		

四、任务评估

1. 自我评价及反馈

（1）通过本任务的学习,对照本任务的学习目标,你认为你的掌握情况如何？

知识目标:（　　）

A. 掌握　　　　　　　B. 部分掌握　　　　　C. 未掌握

说明：

技能目标:（　　）

A. 掌握　　　　　　　B. 部分掌握　　　　　C. 未掌握

说明：

（2）你是否积极学习,不会的内容积极向别人请教,会的内容积极帮助他人学习？（　　）

A. 积极学习　　　　　　　　　　　B. 积极请教

C. 积极帮助他人　　　　　　　　　D. 三者均不积极

(3) 工具、设备和零件有没有落地现象发生？有无保持作业现场清洁？（　　）

　　A. 无掉地且场地清洁　　　　　　　　B. 有颗粒掉地

　　C. 保持作业现场清洁　　　　　　　　D. 未保持作业现场清洁

(4) 实施过程中是否注意操作质量？有无责任心？（　　）

　　A. 注意质量,有责任心　　　　　　　B. 不注意质量,有责任心

　　C. 注意质量,无责任心　　　　　　　D. 全无

(5) 在操作过程中是否注意清除隐患？在有安全隐患时是否提示其他同学？（　　）

　　A. 注意,提示　　　　　　　　　　　　B. 不注意,未提示

学生签名：　　　　　　　　年　　月　　日

2. **教师评价及答复**

参照成果展示的得分,学生本次任务成绩(请在□上打√)：

　　□不合格　□合格　□良好　□优秀

教师签名：　　　　　　　　年　　月　　日

任务二　电子控制系统主要元件检修

任务目标

- 掌握电子控制系统传感器的连接线路及测量方法。

任务引入

一辆行驶里程约8万千米的大众桑塔纳2000GSi轿车,车主反映汽车在行驶中怠速不稳,行驶无力并冒黑烟。

必备知识

一、热膜式空气流量计的检修

桑塔纳2000GSi轿车AJR发动机热膜式空气流量计插头端子与连接电路如图4-17所示。

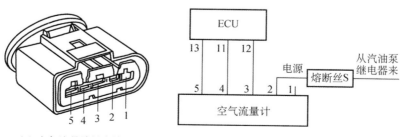

(a) 空气流量计插头端子　　　　(b) 空气流量计与ECU连接电路

图4-17　热膜式空气流量计插头端子与连接电路

1. 检查电路连接情况

检查空气流量计与微机的连接导线是否正常，以及插接器插接是否可靠。相关端子间的线路，其电阻值应小于 1 Ω。

2. 检查外观

检查空气流量计的防护网、热膜有无异常，若有，则应更换空气流量计。

3. 就车检测

拔下空气流量计上的导线连接器，启动发动机，用多用表直流电压挡测量空气流量计导线连接器端子 2 与搭铁线间的电压，应大于 11.5 V；或用发光二极管试灯连接空气流量计导线连接器端子 2 和发动机搭铁点，试灯应亮。否则应检查熔断丝、油泵继电器及其连接线路。

打开点火开关，用多用表测量空气流量计导线连接器端子 4 与搭铁点间的电压，其值应约为 5 V，否则应检查连接线路；如连接线路正常，则应更换 ECU。

4. 车下检测

拆下空气流量计，在空气流量计插座端子 4 与搭铁线之间加 5 V 直流电压，端子 2 与搭铁线之间加 12 V 直流电压，用电吹风向空气流量计内吹风，同时用多用表直流电压挡测量端子 5 与 3 之间的电压。改变吹风距离，电压表读数应能平稳缓慢地变化，距离接近时电压升高，远离时电压下降，否则应更换空气流量计。

二、进气歧管绝对压力传感器的检修

进气歧管绝对压力传感器与 ECU 的连接电路如图 4-18 所示。拔下传感器插头，打开点火开关，测量插头上 V_C 端子与 E_2 端子之间的电压，应为 4.5～5.5 V。若无电压，则应检查 ECU 上相应端子的电压。若 ECU 相应端子上电压正常，则为 ECU 至传感器之间线路故障；若无电压，则为 ECU 故障。插回插头，拆下传感器上的软管，打开点火开关，测量 ECU 连接器上 PIM 与 E_2 端子间在大气压下输出的电压，应符合其输出特性。

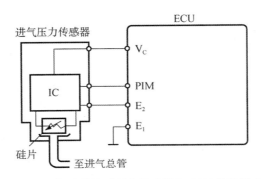

图 4-18 进气歧管绝对压力传感器与 ECU 的连接电路

对传感器施以 13.3～66.71 kPa 的负压（真空度），再测 ECU 连接器上 PIM 与 E_2 间的电压，应符合标准值（查相关手册）。

三、节气门位置传感器的检修

1. 线性输出式节气门位置传感器的检修

怠速触点在节气门全闭时应闭合，即 IDL 和 E 之间的电阻为零，随着节气门开度的增大,VTA 和 E 之间的电阻线性增大(应符合有关车型要求),否则说明该传感器有故障。

2. 开关量输出式节气门位置传感器的检修

开关量输出式节气门位置传感器结构简单,只需测量其怠速触点和功率触点的通断情况即可判定其好坏。怠速触点在节气门全闭时应闭合,节气门略打开一点即断开。功率触点在节气门开度小于 50% 时应断开,节气门开度超过 50% 时应闭合。

3. 综合式节气门位置传感器的检修

综合式节气门位置传感器与发动机 ECU 的连接电路如图 4-19 所示。

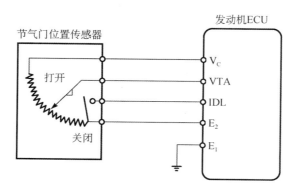

图 4-19 综合式节气门位置传感器与发动机 ECU 的连接电路

其检测步骤如下:

(1) 检查搭铁电路。

断开点火开关,拆下传感器导线连接器。用多用表欧姆挡检查节气门位置传感器线束插接器 E_2 端子与 ECU 的 E_2 端子之间的导线、ECU 的 E_1 端子与车身搭铁部位之间的导线连接情况,应导通。

(2) 检查电压。

插好节气门位置传感器的导线连接器,点火开关置于"ON"位置但不启动发动机,转动节气门,用多用表直流电压挡分别检测线束插接器上 IDL、V_C、VTA 三个端子与车身之间的电压。

(3) 检查传感器。

怠速触点导通性检查:点火开关置于"OFF"位置,拔去节气门位置传感器的导线连接器,用多用表欧姆挡在节气门位置传感器连接器上测量怠速触点 IDL 的导通情况,如图 4-19 所示。当节气门全闭时,IDL、E_2 端子间应导通(电阻为 0);当节气门打开时,IDL、E_2 端子间应不导通(电阻为无穷大)。否则应更换节气门位置传感器。

(4) 检查线性电位计电阻。

点火开关置于"OFF"位置,拔去节气门位置传感器的导线连接器,用多用表欧姆挡测量线性电位计的电阻(VTA、E_2 之间的电阻),该电阻应随节气门开度的增大而呈线性增大。

在节气门限位螺钉和限位杆之间插入适当厚度的厚薄规,用多用表欧姆挡测量此传感器导线连接器上各端子间的电阻。

四、进气温度传感器和冷却液温度传感器的检修

进气温度传感器、冷却液温度传感器的线路及其与 ECU 的连接如图 4-20、图 4-21 所

示。两者检测方法相同。

1. 元件检测

拆下传感器,测量传感器 THW、THA 端子与 E_2 端子间在不同温度下的电阻值,应符合其特性曲线相应温度下的电阻值(查相关手册),否则应更换传感器。

2. 在线测量

拔下传感器插头,打开点火开关,测量传感器插头 THW、THA 端子与 E_2 之间的电压,应为 5 V。若无电压,则应检查 ECU 连接器上 THW、THA 端子与 E_2 之间的电压。若电压为 5 V,则为 ECU 与传感器之间线路故障;否则为 ECU 故障。

插回插头,启动发动机,测量传感器 THA、THW 端子与 E_2 之间在不同温度下的电压,应在 0.5~4 V 之间变化。温度越低,电压越高;温度越高,电压越低。

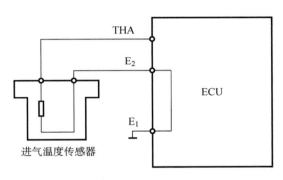

图 4-20 进气温度传感器连接图

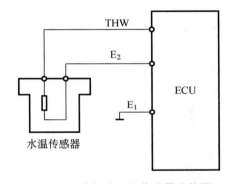

图 4-21 冷却液温度传感器连接图

五、氧传感器的检修

1. 氧传感器的线路检测

氧传感器的连接线路如图 4-22 所示。

(1) 打开点火开关,G39-1 与 G39-2 间线路为传感器加热电源线,测得两端子间电压为 12 V。

(2) 发动机启动,待水温正常后,将数字多用表连接到氧传感器端子 3 与 4 连接的导线上,测得电压为 0.5 V。

2. 氧传感器的电阻检测

测得加热元件的电阻值在常温条件下为 1~5 Ω,随着排气的温度上升,其电阻显著增大。

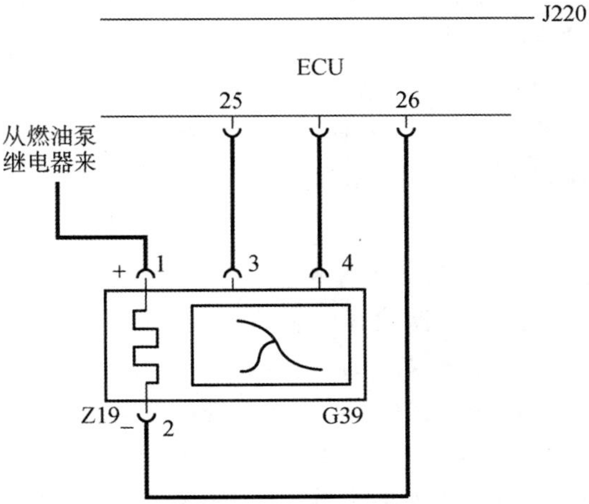

3. 氧传感器的波形检测

启动发动机,使氧传感器加热至 315 ℃ 以上,发动机处于闭环工作状态,利用探头与传感器连接器信号端子 G39-3 相连,其步骤如下:

图 4-22 氧传感器连接线路图

(1) 接好设备 KT600,示波器电缆线应与 G39-3 相连,启动发动机,打开 KT600 电源开关。

(2) 在金德仪器主菜单下按上下方向键选择示波器,按[ENTER]键确认。

(3) 在汽车专用示波器菜单下选择传感器,按[ENTER]键进入汽车传感器选择菜单,观察氧传感器的信号波形。

六、发动机曲轴位置传感器的检修

1. 电磁感应式曲轴位置传感器的检修

电磁感应式曲轴位置传感器连接线路图如图 4-23 所示。

(1) 元件检测。

拔下曲轴位置传感器的导线连接器,用电阻表测量曲轴位置传感器上各端子间的电阻,其值应符合标准值。如不符,则须更换曲轴位置传感器。

(2) 在线检测。

用交流电压表 2 V 挡测量其输出电压,启动时应高于 0.1 V,运转时应为 0.4~0.8 V。

(3) 用频率表测其工作频率。

(4) 用示波器检测其输出信号的波形。

如果在传感上能检测到电压信号,而 ECU 连接器上检测不到信号,则应检查传感器至 ECU 之间的导线及插头。

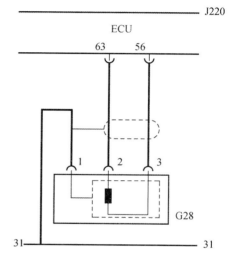

图 4-23 电磁感应式曲轴位置传感器连接线路图

2. 霍尔式曲轴位置传感器的检修

拔下传感器插头,打开点火开关,检查插头上电源端子与搭铁端子之间的电压,应为 12 V 左右(视车型而异)。若无电压,则应检查传感器至 ECU 之间的线路及 ECU 上相应端子的电压;若 ECU 相应端子有电压,则为传感器至 ECU 之间线路断路,否则为 ECU 故障。

插回传感器插头,启动发动机,测量传感器输出端子信号电压,应为 3~5 V。若无信号电压,则为传感器故障。

用示波器检查传感器输出电压的波形。

3. 光电式曲轴位置传感器的检修

拔下传感器插头,打开点火开关,检查插头上电源端子与搭铁端子之间的电压,应为 5 V 或 12 V(视车型而异)。若无电压,则应检查传感器至 ECU 的导线和 ECU 上相应端子的电压;若 ECU 端子有电压,则为 ECU 至传感器导线断路,否则为 ECU 故障。

插回传感器插头,启动发动机,转速保持在 2 500 r/min 左右,测量传感器输出端子的电压,应为 2~3 V,否则为传感器损坏。

用示波器检测其信号波形。

任务实施

任务工单　空气流量计的检修

学生姓名		班级		学号	
实训场地		学时		日期	

一、任务计划

请根据任务要求,确定所需要的场地和物品,并对小组成员进行合理分工,制订详细的工作计划。

1. 场地及物品准备

检查及记录完成任务需要的场地、设备、工具及材料。

（1）场地。

检查工作场地是否清洁,是否存在安全隐患,如不正常,请汇报教师并及时处理。

记录:

（2）车辆、总成、工件。

车辆:

其他:

（3）设备及工具。

防护装备:

设备及工具:

（4）材料。

材料:

（5）安全要求及注意事项。

① 实训汽车停在实训工位上,没有经过教师批准不准启动。经教师批准启动后,首先应检查车轮的安全顶块是否放好,汽车手制动是否拉好,排挡杆是否放在 P 挡（A/T）或空挡（M/T）,车前是否有人。

② 发动机运行时不能把手伸入,防止造成意外事故。

③ 没有经过教师批准不允许随意连接或拔下电控元器件。

④ 点火开关接通时,不允许连接或拔下电控系统元器件的接插件。

⑤ 蓄电池的极性不能接反,否则将烧毁 ECU 与电子元器件。

⑥ 禁止使用启动电源辅助启动发动机,防止损坏电控系统元件。

2. 小组成员及分工

你所在小组成员:

你所负责的工作:

3. 操作流程

根据任务,小组进行讨论,确定工作计划（流程/工序）,并记录。

(1) 空气流量计的检测(1ZR-FE)。

步骤1：

步骤2：

步骤3：

步骤4：

(2) 空气流量计的检测(BKT)。

步骤1：

步骤2：

步骤3：

步骤4：

步骤5：

二、任务实施

根据制订的计划实施，完成以下任务并记录。

提示：教师根据需要提前设置故障。

实训车型：

(1) 依据维修手册或教师指定的范围寻找实训车上的空气流量计。你所用实训车辆的空气流量计的安装位置为_____。

(2) 本次实训中检测的空气流量计的结构类型为_____。

(3) 根据学生手册或维修手册的电路图，结合实训车辆，再次确认空气流量计连接器各端子的作用以及导线的颜色，记录在下表。

接线端子	作用	导线颜色
1		
2		
3		
4		
5		

(4) 空气流量计的检测。

① 供电电压的检测。

检测端子	点火钥匙转到"ON"挡，多用表调至直流电压挡	
	标准值	实际值
电源端子+B与搭铁	不低于11~14 V	
参考电压端子与搭铁	5 V	
结论		

② 接地（搭铁）的检测。

检测端子	点火钥匙转到"OFF"挡，多用表调至电阻挡	
	标准值	实际值
接地端子 E2G 与车身搭铁	低于 1 Ω	
结论		

③ 信号电压的测量。

测量传感器连接器信号端子与接地之间的信号电压值。

发动机状态	数据	
	标准值	实际值
点火开关"ON"		
怠速运转		
加速到 2 500 r/min		
结论		

④ 传感器数据流的检测。

将诊断仪连接到车辆诊断座上，启动发动机，按照检测仪上的操作指示，进入发动机系统，读取空气流量计的数据。

发动机状态	怠速	慢加速	急加速
标准值	2～5 g/s	14 g/s	40 g/s
实际值			
结论			

（5）故障排除。

根据以上检测结论，如果不正确，查找故障原因，并在教师指导下排除故障（应清除故障码）。

三、任务检查

根据任务完成情况，学生根据下表自我评分，教师或指定组长在过程巡视或验收检查时，发现问题直接扣分，并在备注栏签名。

技能考核标准表

序号	项目	操作内容	标准分	实际评分	备注
1	任务准备 （10 分）	场地准备	2		
		车辆/总成/工件准备	2		
		设备/工具准备	2		
		材料准备	2		
		仪容仪表/精神面貌准备	2		

续表

序号	项目	操作内容	标准分	实际评分	备注
2	实施过程（30分）	端子识别	10		
		多用表检测	10		
		诊断仪器检测	10		
3	完成质量（20分）	测量数据准确	10		
		排除故障	10		
4	完成时间（10分）	90 min	10		
5	安全操作（20分）	个人防护	5		
		设备安全	5		
		人员安全	5		
		场地安全	5		
6	5S工作（10分）	场地清洁	5		
		设备/工具/材料归位 电源/气源关闭	5		
	总　分		100		

四、任务评估

1. 自我评价及反馈

（1）通过本任务的学习，对照本任务的学习目标，你认为你的掌握情况如何？

知识目标:（　　）

A．掌握　　　　　　B．部分掌握　　　　C．未掌握

说明：

技能目标:（　　）

A．掌握　　　　　　B．部分掌握　　　　C．未掌握

说明：

（2）你是否积极学习，不会的内容积极向别人请教，会的内容积极帮助他人学习？（　　）

A．积极学习　　　　　　　　　　B．积极请教

C．积极帮助他人　　　　　　　　D．三者均不积极

（3）工具、设备和零件有没有落地现象发生？有无保持作业现场清洁？（　　）

A．无掉地且场地清洁　　　　　　B．有颗粒掉地

C．保持作业现场清洁　　　　　　D．未保持作业现场清洁

（4）实施过程中是否注意操作质量？有无责任心？（　　）

A．注意质量，有责任心　　　　　B．不注意质量，有责任心

C．注意质量，无责任心　　　　　D．全无

(5) 在操作过程中是否注意清除隐患？在有安全隐患时是否提示其他同学？（　　）

A. 注意，提示　　　　　　　　　　　B. 不注意，未提示

学生签名：　　　　　　　　　年　　月　　日

2. 教师评价及答复

参照成果展示的得分，学生本次任务成绩（请在□上打√）：

□不合格　　□合格　　□良好　　□优秀

教师签名：　　　　　　　　　年　　月　　日

任务工单　进气歧管绝对压力传感器检修

学生姓名		班级		学号	
实训场地		学时		日期	

一、任务计划

请根据任务要求，确定所需要的场地和物品，并对小组成员进行合理分工，制订详细的工作计划。

1. 场地及物品准备

检查及记录完成任务需要的场地、设备、工具及材料。

（1）场地。

检查工作场地是否清洁，是否存在安全隐患，如不正常，请汇报教师并及时处理。

记录：

（2）车辆、总成、工件。

车辆：

其他：

（3）设备及工具。

防护装备：

设备及工具：

（4）材料。

材料：

（5）安全要求及注意事项。

① 实训汽车停在实训工位上，没有经过教师批准不准启动。经教师批准启动后，首先应检查车轮的安全顶块是否放好，汽车手制动是否拉好，排挡杆是否放在 P 挡（A/T）或空挡（M/T），车前是否有人。

② 发动机运行时不能把手伸入，防止造成意外事故。

③ 没有经过教师批准不允许随意连接或拔下电控元器件。

④ 点火开关接通时，不允许连接或拔下电控系统元器件的接插件。

⑤ 蓄电池的极性不能接反,否则将烧毁 ECU 与电子元器件。
⑥ 禁止使用启动电源辅助启动发动机,防止损坏电控系统元件。

2. 小组成员及分工

你所在小组成员:
你所负责的工作:

3. 操作流程

根据任务,小组进行讨论,确定工作计划(流程/工序),并记录。

步骤 1:
步骤 2:
步骤 3:
步骤 4:
步骤 5:

二、任务实施

根据制订的计划实施,完成以下任务并记录。

提示:教师根据需要提前设置故障。

实训车型:

(1) 依据维修手册或教师指定的范围寻找实训车上的进气歧管绝对压力传感器。你所用实训车辆的进气歧管绝对压力传感器的位置为_____。

(2) 本次实训中检测的进气歧管绝对压力传感器的结构类型为_____。

(3) 根据学生手册或维修手册的电路图,结合实训车辆,再次确认进气歧管绝对压力传感器连接器各端子的作用以及导线的颜色,记录在下表。

接线端子	作用	导线颜色
1		
2		
3		
4		

(4) 进气歧管绝对压力传感器的检测。

① 参考电压的检测。

检测端子	点火钥匙转到"ON"挡,多用表调至直流电压挡	
	标准值	实际值
参考电压端子与搭铁	5 V	
结论		

② 信号电压的测量。

测量传感器连接器信号端子与接地之间的信号电压值。

发动机状态	数据/V	
	标准值	实际值
点火开关"ON"		
怠速运转		
慢加速		
急加速		
急减速		
结论		

③ 传感器数据流的检测。

将诊断仪连接到车辆诊断座上，启动发动机，按照检测仪上的操作指示，进入发动机系统，读取进气歧管绝对压力传感器的数据。

发动机状态	数据/kPa	
	标准值	实际值
点火开关"ON"		
怠速运转		
慢加速		
急加速		
急减速		
结论		

④ 传感器波形的检测。

将示波器测试针连接到传感器信号导线上，启动发动机，按照示波器的操作指示，读取信号波形。捕捉在发动机怠速、慢加速、急加速、急减速几个工况下的波形，锁定屏幕后，将波形画下来。

工况	波形	备注
怠速		
慢加速		

续表

工况	波形	备注
急加速		
急减速		

（5）故障排除。

根据以上检测的结论,如果不正确,查找故障原因,并在教师指导下排除故障(应清除故障码)。

必要时根据拆装步骤更换传感器。

三、任务检查

根据任务完成情况,学生根据下表自我评分,教师或指定组长在过程巡视或验收检查时,发现问题直接扣分,并在备注栏签名。

技能考核标准表

序号	项目	操作内容	标准分	实际评分	备注
1	任务准备（10分）	场地准备	2		
		车辆/总成/工件准备	2		
		设备/工具准备	2		
		材料准备	2		
		仪容仪表/精神面貌准备	2		
2	实施过程（30分）	端子判断	5		
		参考电压检测	5		
		信号电压检测	5		
		数据流检测	5		
		波形检测	5		
		设备操作	5		
3	完成质量（20分）	测量数据准确	10		
		排除故障	10		

续表

序号	项目	操作内容	标准分	实际评分	备注
4	完成时间（10分）	90 min	10		
5	安全操作（20分）	个人防护	5		
		设备安全	5		
		人员安全	5		
		场地安全	5		
6	5S工作（10分）	场地清洁	5		
		设备/工具/材料归位 电源/气源关闭	5		
	总　分		100		

四、任务评估

1. 自我评价及反馈

（1）通过本任务的学习，对照本任务的学习目标，你认为你的掌握情况如何？

知识目标：（　　）

　　A. 掌握　　　　　　B. 部分掌握　　　　　C. 未掌握

说明：

技能目标：（　　）

　　A. 掌握　　　　　　B. 部分掌握　　　　　C. 未掌握

说明：

（2）你是否积极学习，不会的内容积极向别人请教，会的内容积极帮助他人学习？（　　）

　　A. 积极学习　　　　　　　　　　　B. 积极请教

　　C. 积极帮助他人　　　　　　　　　D. 三者均不积极

（3）工具、设备和零件有没有落地现象发生？有无保持作业现场清洁？（　　）

　　A. 无掉地且场地清洁　　　　　　　B. 有颗粒掉地

　　C. 保持作业现场清洁　　　　　　　D. 未保持作业现场清洁

（4）实施过程中是否注意操作质量？有无责任心？（　　）

　　A. 注意质量，有责任心　　　　　　B. 不注意质量，有责任心

　　C. 注意质量，无责任心　　　　　　D. 全无

（5）在操作过程中是否注意清除隐患？在有安全隐患时是否提示其他同学？（　　）

　　A. 注意，提示　　　　　　　　　　B. 不注意，未提示

　　　　　　　　　　学生签名：　　　　　　　　　年　　月　　日

2. 教师评价及答复

参照成果展示的得分，学生本次任务成绩（请在□上打√）：

　　　　□不合格　　□合格　　□良好　　□优秀

　　　　　　　　　　教师签名：　　　　　　　　　年　　月　　日

任务工单 节气门/加速踏板位置传感器检修

学生姓名		班级		学号	
实训场地		学时		日期	

一、任务计划

请根据任务要求,确定所需要的场地和物品,并对小组成员进行合理分工,制订详细的工作计划。

1. 场地及物品准备

检查及记录完成任务需要的场地、设备、工具及材料。

(1)场地。

检查工作场地是否清洁,是否存在安全隐患,如不正常,请汇报教师并及时处理。

记录:

(2)车辆、总成、工件。

车辆:

其他:

(3)设备及工具。

防护装备:

设备及工具:

(4)材料。

材料:

(5)安全要求及注意事项。

① 实训汽车停在实训工位上,没有经过教师批准不准启动。经教师批准启动后,首先应检查车轮的安全顶块是否放好,汽车手制动是否拉好,排挡杆是否放在P挡(A/T)或空挡(M/T),车前是否有人。

② 发动机运行时不能把手伸入,防止造成意外事故。

③ 没有经过教师批准不允许随意连接或拔下电控元器件。

④ 点火开关接通时,不允许连接或拔下电控系统元器件的接插件。

⑤ 蓄电池的极性不能接反,否则将烧毁ECU与电子元器件。

⑥ 禁止使用启动电源辅助启动发动机,防止损坏电控系统元件。

2. 小组成员及分工

你所在小组成员:

你所负责的工作:

3. 操作流程

根据任务,小组进行讨论,确定工作计划(流程/工序),并记录。

(1)节气门位置传感器的检测。

步骤1:

步骤2：
步骤3：
步骤4：

（2）加速踏板位置传感器的检测。
步骤1：
步骤2：
步骤3：
步骤4：

二、任务实施

根据制订的计划实施，完成以下任务并记录。

提示：教师根据需要提前设置故障。

（1）依据维修手册或教师指定的范围寻找实训车上的节气门位置传感器和加速踏板位置传感器。你所用实训车辆的两个传感器的安装位置分别为_____和_____。

（2）本次实训中检测的节气门/加速踏板位置传感器的结构类型为_____。

（3）根据学生手册或维修手册的电路图，结合实训车辆，再次确认节气门位置传感器和加速踏板位置传感器连接器各端子的作用以及导线的颜色，记录在下表。

节气门位置传感器：

接线端子	作用	导线颜色
1		
2		
3		
4		
5		
6		

加速踏板位置传感器：

接线端子	作用	导线颜色
1		
2		
3		
4		
5		
6		

(4) 节气门/加速踏板位置传感器的检测。

① 供电电压的检测。

节气门位置传感器:

检测端子	点火钥匙转到"ON"挡,多用表调至直流电压挡	
	标准值	实际值
参考电源端子与搭铁	5 V	
结论		

加速踏板位置传感器:

检测端子	点火钥匙转到"ON"挡,多用表调至直流电压挡	
	标准值	实际值
参考电源端子与搭铁	5 V	
结论		

② 接地(搭铁)的检测。

节气门位置传感器:

检测端子	点火钥匙转到"OFF"挡,多用表调至电阻挡	
	标准值	实际值
接地端子与车身搭铁	低于1 Ω	
结论		

加速踏板位置传感器:

检测端子	点火钥匙转到"OFF"挡,多用表调至电阻挡	
	标准值	实际值
接地端子与车身搭铁	低于1 Ω	
结论		

③ 传感器数据流的检测。

将诊断仪连接到车辆诊断座上,启动发动机,按照检测仪上的操作指示,进入发动机系统,读取传感器的数据。

节气门位置传感器数据:

检测仪器显示数据流项目	节气门全关	节气门全开
VTA1		
VTA2		

加速踏板位置传感器数据：

检测仪器显示数据流项目	加速踏板松开	加速踏板踩下
VPA1		
VPA2		

(5) 故障排除。

根据以上检测的结论，如果不正确，查找故障原因，并在教师指导下排除故障（应清除故障码）。

必要时根据拆装步骤更换传感器。

(6) 拆卸及安装节气门/加速踏板位置传感器（选做）。

① 拆卸及安装节气门位置传感器（节气门体总成）。

a. 断开节气门体连接器。

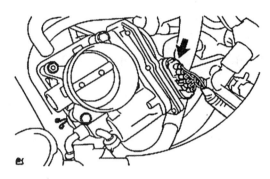

b. 断开冷却液旁通管（2条）。

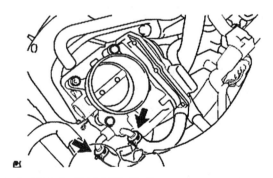

c. 拆下2个螺栓、2个螺母和节气门体总成。

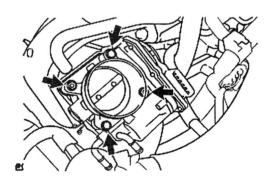

d. 从进气歧管上取下垫片。

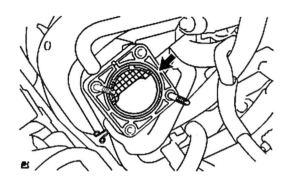

e. 按相反步骤安装(注意:必要时更换新的垫片)。

② 拆卸及安装加速踏板位置传感器。

a. 拆卸仪表板下盖分总成。

b. 拆开加速踏板位置传感器连接器。

c. 拆下2个螺栓和加速踏板(注意:不要拆解、掉落或敲击加速踏板)。

d. 按相反步骤安装。

三、任务检查

根据任务完成情况,学生根据下表自我评分,教师或指定组长在过程巡视或验收检查时,发现问题直接扣分,并在备注栏签名。

技能考核标准表

序号	项目	操作内容	标准分	实际评分	备注
1	任务准备 (10分)	场地准备	2		
		车辆/总成/工件准备	2		
		设备/工具准备	2		
		材料准备	2		
		仪容仪表/精神面貌准备	2		
2	实施过程 (30分)	节气门端子识别	5		
		节气门多用表检测	5		
		节气门诊断仪器检测	5		
		加速踏板端子识别	5		
		加速踏板多用表检测	5		
		加速踏板诊断仪检测	5		

续表

序号	项目	操作内容	标准分	实际评分	备注
3	完成质量 （20分）	测量数据准确	10		
		排除故障	10		
4	完成时间 （10分）	90 min	10		
5	安全操作 （20分）	个人防护	5		
		设备安全	5		
		人员安全	5		
		场地安全	5		
6	5S工作 （10分）	场地清洁	5		
		设备/工具/材料归位 电源/气源关闭	5		
	总　　分		100		

四、任务评估

1. 自我评价及反馈

（1）通过本任务的学习，对照本任务的学习目标，你认为你的掌握情况如何？

知识目标：（　　）

A. 掌握　　　　　　B. 部分掌握　　　　　　C. 未掌握

说明：

技能目标：（　　）

A. 掌握　　　　　　B. 部分掌握　　　　　　C. 未掌握

说明：

（2）你是否积极学习，不会的内容积极向别人请教，会的内容积极帮助他人学习？（　　）

A. 积极学习　　　　　　　　　　　B. 积极请教

C. 积极帮助他人　　　　　　　　　D. 三者均不积极

（3）工具、设备和零件有没有落地现象发生？有无保持作业现场清洁？（　　）

A. 无掉地且场地清洁　　　　　　　B. 有颗粒掉地

C. 保持作业现场清洁　　　　　　　D. 未保持作业现场清洁

（4）实施过程中是否注意操作质量？有无责任心？（　　）

A. 注意质量，有责任心　　　　　　B. 不注意质量，有责任心

C. 注意质量，无责任心　　　　　　D. 全无

（5）在操作过程中是否注意清除隐患？在有安全隐患时是否提示其他同学？（　　）

A. 注意，提示　　　　　　　　　　B. 不注意，未提示

学生签名：　　　　　　年　　月　　日

2. 教师评价及答复

参照成果展示的得分,学生本次任务成绩(请在□上打✓):

☐ 不合格　　☐ 合格　　☐ 良好　　☐ 优秀

教师签名：　　　　　　　　　年　　月　　日

任务工单　曲轴/凸轮轴位置传感器检修

学生姓名		班级		学号	
实训场地		学时		日期	

一、任务计划

请根据任务要求,确定所需要的场地和物品,并对小组成员进行合理分工,制订详细的工作计划。

1. 场地及物品准备

检查及记录完成任务需要的场地、设备、工具及材料。

（1）场地。

检查工作场地是否清洁,是否存在安全隐患,如不正常,请汇报教师并及时处理。

记录：

（2）车辆、总成、工件。

车辆：

其他：

（3）设备及工具。

防护装备：

设备及工具：

（4）材料。

材料：

（5）安全要求及注意事项。

① 实训汽车停在实训工位上,没有经过教师批准不准启动。经教师批准启动后,首先应检查车轮的安全顶块是否放好,汽车手制动是否拉好,排挡杆是否放在 P 挡（A/T）或空挡（M/T）,车前是否有人。

② 发动机运行时不能把手伸入,防止造成意外事故。

③ 没有经过教师批准不允许随意连接或拔下电控元器件。

④ 点火开关接通时,不允许连接或拔下电控系统元器件的接插件。

⑤ 蓄电池的极性不能接反,否则将烧毁 ECU 与电子元器件。

⑥ 禁止使用启动电源辅助启动发动机,防止损坏电控系统元件。

2. 小组成员及分工

你所在小组成员：

你所负责的工作:

3. **操作流程**

根据任务,小组进行讨论,确定工作计划(流程/工序),并记录。

(1)电磁感应式曲轴位置传感器的检测。

步骤1:

步骤2:

步骤3:

步骤4:

步骤5:

(2)磁阻式凸轮轴位置传感器的检测。

步骤1:

步骤2:

步骤3:

步骤4:

(3)霍尔式凸轮轴位置传感器的检测。

步骤1:

步骤2:

步骤3:

二、任务实施

根据制订的计划实施,完成以下任务并记录。

提示:教师根据需要提前设置故障。

(1)依据学生手册或教师指定的范围寻找实训车上的曲轴/凸轮轴位置传感器,并填表。

车型:

传感器名称	安装位置	连接器导线数量	结构类型
曲轴位置传感器			
凸轮轴位置传感器			

(2)电磁感应式曲轴位置传感器的检测。

① 关闭点火开关。

② 断开曲轴位置传感器的连接器。

③ 根据学生手册的资料,确定传感器连接器端子上各导线的作用。

传感器端子编号	传感器侧导线颜色	导线作用	画出传感器端子形状与端子编号

④ 根据检测步骤,测量电磁感应式曲轴位置传感器的线圈电阻阻值与信号电压。

项目	条件	标准值	实际值	结论
线圈电阻	点火开关"OFF",连接器断开,多用表调至电阻挡			
信号电压	发动机怠速运转,多用表调至交流电压挡			
	发动机 1 500 r/min 运转,多用表调至交流电压挡			

⑤ 根据检测步骤,利用故障检测仪器读取曲轴位置传感器故障码和数据流。

项目	条件	仪器相关显示记录	结论
故障码	点火开关"ON",或发动机运转		
数据流	发动机怠速运转		
	发动机加速、减速		

⑥ 根据检测步骤,检测并绘制曲轴位置传感器信号波形。

将示波器测试棒连接到曲轴位置传感器信号线端子上,打开并调整示波器,启动发动机,观察并画出传感器波形变化情况。

发动机怠速运行时	发动机加速运行时

结论:

⑦ 故障排除。

根据以上检测的结论,如果不正确,查找故障原因,并在教师指导下排除故障(应清除故障码)。

必要时根据拆装步骤更换传感器。

(3) 磁阻式凸轮轴位置传感器的检测。

① 关闭点火开关。

② 断开凸轮轴位置传感器的连接器。

③ 根据学生手册的资料,确定传感器连接器端子上各导线的作用。

传感器 端子编号	传感器侧 导线颜色	导线作用	画出传感器端子形状 与端子编号

④ 根据检测步骤,测量磁阻式凸轮轴位置传感器的供电电源、接地与信号。

项目	条件	标准值	实际值	结论
供电电源	点火开关"ON",连接器断开,多用表调至直流电压挡			
接地	点火开关"ON",连接器断开,多用表调至电阻挡			
信号	发动机运转,多用表调至直流电压挡			
	发动机运转,多用表调至频率挡			

⑤ 根据检测步骤,利用故障检测仪器读取凸轮轴位置传感器故障码。

项目	条件	仪器相关显示记录	结论
故障码	点火开关"ON",或发动机运转		

⑥ 根据检测步骤,检测并绘制凸轮轴位置传感器信号波形。

将示波器测试棒连接到曲轴位置传感器信号线端子上,打开并调整示波器,启动发动机,观察并画出传感器波形变化情况。

发动机怠速运行时	发动机加速运行时
结论:	

⑦ 故障排除。

根据以上检测的结论,如果不正确,查找故障原因,并在教师指导下排除故障(应清除故障码)。

必要时根据拆装步骤更换传感器。

(4) 霍尔式凸轮轴位置传感器的检测。

① 关闭点火开关。

② 断开霍尔传感器的连接器。

③ 根据学生手册的资料,确定传感器连接器端子上各导线的作用。

传感器 端子编号	传感器侧 导线颜色	导线作用	画出传感器端子形状 与端子编号

④ 根据检测步骤,测量霍尔式凸轮轴位置传感器的供电电源、接地与信号。

项目	条件	标准值	实际值	结论
供电电源	点火开关"ON",连接器断开,多用表调至直流电压挡			
接地	点火开关"ON",连接器断开,多用表调至电阻挡			
信号	发动机运转,多用表调至直流电压挡			
	发动机运转,多用表调至频率挡			

⑤ 根据检测步骤,利用故障检测仪器读取霍尔传感器故障码。

项目	条件	仪器相关显示记录	结论
故障码	点火开关"ON",或发动机运转		

⑥ 根据检测步骤,检测并绘制霍尔传感器信号波形。

将示波器测试棒连接到霍尔传感器信号线端子上,打开并调整示波器,启动发动机,观察并画出传感器波形变化情况。

发动机怠速运行时	发动机加速运行时

结论:

⑦ 故障排除。

根据以上检测的结论,如果不正确,查找故障原因,并在教师指导下排除故障(应清除故障码)。

必要时根据拆装步骤更换传感器。

三、任务检查

根据任务完成情况,学生根据下表自我评分,教师或指定组长在过程巡视或验收检查时,发现问题直接扣分,并在备注栏签名。

技能考核标准表

序号	项目	操作内容	标准分	实际评分	备注
1	任务准备 (10分)	场地准备	2		
		车辆/总成/工件准备	2		
		设备/工具准备	2		
		材料准备	2		
		仪容仪表/精神面貌准备	2		
2	实施过程 (30分)	端子检测	5		
		电阻检测	5		
		电压检测	5		
		数据流检测	5		
		波形检测	5		
		结果判断	5		
3	完成质量 (20分)	测量数据准确	10		
		排除故障	10		
4	完成时间 (10分)	90 min	10		
5	安全操作 (20分)	个人防护	5		
		设备安全	5		
		人员安全	5		
		场地安全	5		
6	5S工作 (10分)	场地清洁	5		
		设备/工具/材料归位 电源/气源关闭	5		
	总 分		100		

四、任务评估

1. 自我评价及反馈

(1) 通过本任务的学习,对照本任务的学习目标,你认为你的掌握情况如何?

知识目标:(　　)

　A. 掌握　　　　　　B. 部分掌握　　　　C. 未掌握

说明:

技能目标:(　　)

　A. 掌握　　　　　　B. 部分掌握　　　　C. 未掌握

说明:

(2) 你是否积极学习,不会的内容积极向别人请教,会的内容积极帮助他人学习?(　　)

　A. 积极学习　　　　　　　　　　B. 积极请教

　C. 积极帮助他人　　　　　　　　D. 三者均不积极

(3) 工具、设备和零件有没有落地现象发生?有无保持作业现场清洁?(　　)

　A. 无掉地且场地清洁　　　　　　B. 有颗粒掉地

　C. 保持作业现场清洁　　　　　　D. 未保持作业现场清洁

(4) 实施过程中是否注意操作质量?有无责任心?(　　)

　A. 注意质量,有责任心　　　　　　B. 不注意质量,有责任心

　C. 注意质量,无责任心　　　　　　D. 全无

(5) 在操作过程中是否注意清除隐患?在有安全隐患时是否提示其他同学?(　　)

　A. 注意,提示　　　　　　　　　　B. 不注意,未提示

学生签名:　　　　　　年　　月　　日

2. 教师评价及答复

参照成果展示的得分,学生本次任务成绩(请在□上打√):

　□不合格　　□合格　　□良好　　□优秀

教师签名:　　　　　　年　　月　　日

任务工单　温度传感器检修

学生姓名		班级		学号	
实训场地		学时		日期	

一、任务计划

请根据任务要求,确定所需要的场地和物品,并对小组成员进行合理分工,制订详细的工作计划。

1. 场地及物品准备

检查及记录完成任务需要的场地、设备、工具及材料。

(1) 场地。
检查工作场地是否清洁,是否存在安全隐患,如不正常,请汇报教师并及时处理。
记录:
(2) 车辆、总成、工件。
车辆:
其他:
(3) 设备及工具。
防护装备:
设备及工具:
(4) 材料。
材料:
(5) 安全要求及注意事项。
① 实训汽车停在实训工位上,没有经过教师批准不准启动。经教师批准启动后,首先应检查车轮的安全顶块是否放好,汽车手制动是否拉好,排挡杆是否放在 P 挡(A/T)或空挡(M/T),车前是否有人。
② 发动机运行时不能把手伸入,防止造成意外事故。
③ 没有经过教师批准不允许随意连接或拔下电控元器件。
④ 点火开关接通时,不允许连接或拔下电控系统元器件的接插件。
⑤ 蓄电池的极性不能接反,否则将烧毁 ECU 与电子元器件。
⑥ 禁止使用启动电源辅助启动发动机,防止损坏电控系统元件。

2. 小组成员及分工

你所在小组成员:
你所负责的工作:

3. 操作流程

根据任务,小组进行讨论,确定工作计划(流程/工序),并记录。
(1) 冷却液温度传感器的检测。
步骤1:
步骤2:
步骤3:
步骤4:
(2) 进气温度传感器的检测。
步骤1:
步骤2:
步骤3:
步骤4:

二、任务实施

根据制订的计划实施,完成以下任务并记录。

提示:教师根据需要提前设置故障。

实训车型:

(1) 依据维修手册或教师指定的范围寻找实训车上的冷却液温度传感器、进气温度传感器。你所用实训车辆的冷却液温度传感器的位置为_____,进气温度传感器的位置为_____。

(2) 本次实训中检测的冷却液温度传感器、进气温度传感器的结构类型为_____。

(3) 根据学生手册或维修手册的电路图,结合实训车辆,再次确认冷却液温度传感器、进气温度传感器连接器各端子的作用以及导线的颜色,记录在下表。

冷却液温度传感器:

接线端子	作用	导线颜色
1		
2		
3		
4		

进气温度传感器:

接线端子	作用	导线颜色
1		
2		
3		

(4) 冷却液温度传感器的检测。

① 供电电压的检测。

检测端子	点火钥匙转到"ON"挡,多用表调至直流电压挡	
	标准值	实际值
参考电源端子与搭铁	5 V	
结论		

② 接地(搭铁)的检测。

检测端子	点火钥匙转到"OFF"挡,多用表调至电阻挡	
	标准值	实际值
接地端子与车身搭铁	低于 1 Ω	
结论		

③ 信号电压的测量。

测量传感器连接器信号端子与接地之间的信号电压值。

发动机状态	数据/V	
	标准值	实际值
点火开关"ON"	信号数据根据当前温度变化而变化	•
发动机冷车运转		
发动机热车运转		
结论		

④ 传感器数据流的检测。

将诊断仪连接到车辆诊断座上,启动发动机,按照检测仪上的操作指示,进入发动机系统,读取冷却液温度传感器的数据。

发动机状态	数据	
	信号电压/V	温度/℃
点火开关"ON"		
发动机冷车运转		
发动机热车运转		
结论		

(5)故障排除。

根据以上检测的结论,如果不正确,查找故障原因,并在教师指导下排除故障(应清除故障码)。

必要时根据拆装步骤更换传感器。

三、任务检查

根据任务完成情况,学生根据下表自我评分,教师或指定组长在过程巡视或验收检查时,发现问题直接扣分,并在备注栏签名。

技能考核标准表

序号	项目	操作内容	标准分	实际评分	备注
1	任务准备 (10分)	场地准备	2		
		车辆/总成/工件准备	2		
		设备/工具准备	2		
		材料准备	2		
		仪容仪表/精神面貌准备	2		
2	实施过程 (30分)	端子识别	6		
		电阻检测	6		
		电压检测	6		
		数据流检测	6		
		诊断	6		

续表

序号	项目	操作内容	标准分	实际评分	备注
3	完成质量 (20分)	测量数据准确	10		
		排除故障	10		
4	完成时间 (10分)	90 min	10		
5	安全操作 (20分)	个人防护	5		
		设备安全	5		
		人员安全	5		
		场地安全	5		
6	5S工作 (10分)	场地清洁	5		
		设备/工具/材料归位 电源/气源关闭	5		
	总　　分		100		

四、任务评估

1. 自我评价及反馈

（1）通过本任务的学习，对照本任务的学习目标，你认为你的掌握情况如何？

知识目标：（　　）

A. 掌握　　　　　　B. 部分掌握　　　　　　C. 未掌握

说明：

技能目标：（　　）

A. 掌握　　　　　　B. 部分掌握　　　　　　C. 未掌握

说明：

（2）你是否积极学习，不会的内容积极向别人请教，会的内容积极帮助他人学习？（　　）

A. 积极学习　　　　　　　　　　　B. 积极请教

C. 积极帮助他人　　　　　　　　　D. 三者均不积极

（3）工具、设备和零件有没有落地现象发生？有无保持作业现场清洁？（　　）

A. 无掉地且场地清洁　　　　　　　B. 有颗粒掉地

C. 保持作业现场清洁　　　　　　　D. 未保持作业现场清洁

（4）实施过程中是否注意操作质量？有无责任心？（　　）

A. 注意质量，有责任心　　　　　　B. 不注意质量，有责任心

C. 注意质量，无责任心　　　　　　D. 全无

（5）在操作过程中是否注意清除隐患？在有安全隐患时是否提示其他同学？（　　）

A. 注意，提示　　　　　　　　　　B. 不注意，未提示

学生签名：　　　　　年　　月　　日

2. 教师评价及答复

参照成果展示的得分，学生本次任务成绩（请在□上打√）：

□不合格　□合格　□良好　□优秀

教师签名：　　　　年　　月　　日

任务工单　氧传感器检修

学生姓名		班级		学号	
实训场地		学时		日期	

一、任务计划

请根据任务要求，确定所需要的场地和物品，并对小组成员进行合理分工，制订详细的工作计划。

1. 场地及物品准备

检查及记录完成任务需要的场地、设备、工具及材料。

（1）场地。

检查工作场地是否清洁，是否存在安全隐患，如不正常，请汇报教师并及时处理。

记录：

（2）车辆、总成、工件。

车辆：

其他：

（3）设备及工具。

防护装备：

设备及工具：

（4）材料。

材料：

（5）安全要求及注意事项。

① 实训汽车停在实训工位上，没有经过教师批准不准启动。经教师批准启动后，首先应检查车轮的安全顶块是否放好，汽车手制动是否拉好，排挡杆是否放在P挡（A/T）或空挡（M/T），车前是否有人。

② 发动机运行时不能把手伸入，防止造成意外事故。

③ 没有经过教师批准不允许随意连接或拔下电控元器件。

④ 点火开关接通时，不允许连接或拔下电控系统元器件的接插件。

⑤ 蓄电池的极性不能接反，否则将烧毁ECU与电子元器件。

⑥ 禁止使用启动电源辅助启动发动机，防止损坏电控系统元件。

2. 小组成员及分工

你所在小组成员：

你所负责的工作：

3. 操作流程

根据任务，小组进行讨论，确定工作计划（流程/工序），并记录。

(1) 氧化锆式氧传感器的检测。

步骤1：

步骤2：

步骤3：

步骤4：

步骤5：

(2) 氧化钛式氧传感器的检测。

步骤1：

步骤2：

步骤3：

步骤4：

二、任务实施

根据制订的计划实施，完成以下任务并记录。

提示：教师根据需要提前设置故障。

实训车型：

(1) 依据维修手册或教师指定的范围寻找实训车上的氧传感器，并填表。

传感器名称	安装位置	连接器引线数量	结构类型
主氧传感器			
副氧传感器			

(2) 测量前氧传感器，并填表。

测量端子	检测目的	标准值	测量值	结论
	加热电阻			
	加热电阻供电电压			
	信号电压			

(3) 用检测仪器检测氧传感器信号。

连接检测仪器，启动发动机，进入数据流。

操作	氧传感器电压	结论
怠速		
1 500 r/min		
急加速		
某缸断油		

(4) 氧传感器信号波形的检测。

将示波器测试棒连接到氧传感器信号线上，打开示波器，查看并记录氧传感器波形。

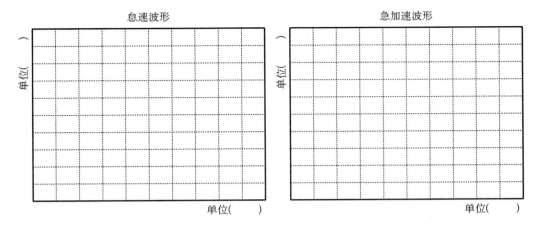

（5）故障排除。

根据以上检测的结论，如果不正确，查找故障原因，并在教师指导下排除故障（应清除故障码）。

必要时根据拆装步骤更换传感器。

三、任务检查

根据任务完成情况，学生根据下表自我评分，教师或指定组长在过程巡视或验收检查时，发现问题直接扣分，并在备注栏签名。

技能考核标准表

序号	项目	操作内容	标准分	实际评分	备注
1	任务准备（10分）	场地准备	2		
		车辆/总成/工件准备	2		
		设备/工具准备	2		
		材料准备	2		
		仪容仪表/精神面貌准备	2		
2	实施过程（30分）	端子判断	5		
		加热线电阻检测	5		
		信号检测	5		
		数据流检测	5		
		波形检测	5		
		结果判断	5		
3	完成质量（20分）	测量数据准确	10		
		排除故障	10		
4	完成时间（10分）	90 min	10		

续表

序号	项目	操作内容	标准分	实际评分	备注
5	安全操作 (20分)	个人防护	5		
		设备安全	5		
		人员安全	5		
		场地安全	5		
6	5S工作 (10分)	场地清洁	5		
		设备/工具/材料归位 电源/气源关闭	5		
	总　分		100		

四、任务评估

1. 自我评价及反馈

（1）通过本任务的学习，对照本任务的学习目标，你认为你的掌握情况如何？

知识目标：（　　）

A. 掌握　　　　　　B. 部分掌握　　　　　C. 未掌握

说明：

技能目标：（　　）

A. 掌握　　　　　　B. 部分掌握　　　　　C. 未掌握

说明：

（2）你是否积极学习，不会的内容积极向别人请教，会的内容积极帮助他人学习？（　　）

A. 积极学习　　　　　　　　　　B. 积极请教

C. 积极帮助他人　　　　　　　　D. 三者均不积极

（3）工具、设备和零件有没有落地现象发生？有无保持作业现场清洁？（　　）

A. 无掉地且场地清洁　　　　　　B. 有颗粒掉地

C. 保持作业现场清洁　　　　　　D. 未保持作业现场清洁

（4）实施过程中是否注意操作质量？有无责任心？（　　）

A. 注意质量，有责任心　　　　　B. 不注意质量，有责任心

C. 注意质量，无责任心　　　　　D. 全无

（5）在操作过程中是否注意清除隐患？在有安全隐患时是否提示其他同学？（　　）

A. 注意，提示　　　　　　　　　B. 不注意，未提示

学生签名：　　　　　　年　　月　　日

2. 教师评价及答复

参照成果展示的得分，学生本次任务成绩(请在□上打√)：

□不合格　□合格　□良好　□优秀

教师签名：　　　　　　年　　月　　日

项目五 汽油机电控点火系统检修

项目描述

对于汽油发动机,吸入气缸内的可燃混合气在压缩终了时由电火花点燃,燃烧产生的强大的压力推动活塞向下运动而做功。为此,在汽油机上设有一套能在气缸内产生电火花的系统,称为点火系统。

学习目标

1. 知识目标

(1) 掌握汽油机对点火系统的基本要求,以及电控点火系统的功能、组成和工作原理。

(2) 掌握最佳点火提前角和闭合角的控制方法。

(3) 掌握典型爆震传感器的基本构造和基本工作原理,以及爆震反馈控制等基本内容。

2. 技能目标

学会使用多用表、示波器、故障诊断仪等检测装置。

任务一 点火系统认知

任务目标

- 掌握汽油机对点火系统的基本要求。
- 掌握电控点火系统的功能、组成和工作原理。
- 掌握点火提前角和闭合角对汽油机性能和点火系统性能的影响。
- 掌握最佳点火提前角和闭合角的控制方法。

任务引入

电控点火系统能将点火提前角控制在最佳值,使可燃混合气燃烧后产生的温度和压力达到最大值,从而提高发动机的动力性,同时还能提高燃油经济性和减少有害气体的排放量。

必备知识

一、点火系统的作用

点火系统的作用是将蓄电池或发电机的低压电转变成高压电,再按照发动机的工作顺序适时将高压电分送给需要点火气缸的火花塞,产生电火花,以点燃可燃混合气。

二、对点火系统的要求

无论是哪一类点火装置,均有共同的技术性能要求,即应在发动机各种工况和使用条件下保证可靠而准确地点火,为此应满足以下三个方面的要求:

1. 能产生足以击穿火花塞间隙的电压

火花塞电极击穿而产生火花时所需要的电压称为击穿电压。点火系统产生的次级电压必须高于击穿电压,才能使火花塞跳火。击穿电压的大小受很多因素影响,其中主要影响因素有:

(1)火花塞电极间隙和形状。

火花塞电极间隙越大,所需的击穿电压越大,如图 5-1 所示。电极的尖端棱角越分明,所需的击穿电压越小。

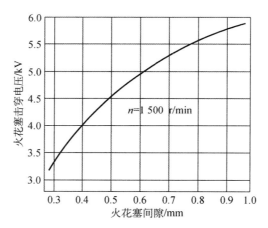

图 5-1 火花塞击穿电压与火花塞间隙的关系

(2)气缸内混合气体的压力和温度。

混合气压力越大、温度越低,所需的击穿电压越大。

(3)电极的温度和极性。

火花塞电极的温度越高,电极周围的气体密度就越小,击穿电压就越低。针状的中心电极为负极且温度较高时,击穿电压就较低。

(4)发动机的工作情况。

① 发动机转速。

发动机高速运转时,所需击穿电压随转速的升高而降低。在启动和急加速时,所需击穿电压升高。全负荷且稳定工作状态时，击穿电压较低。

② 混合气空燃比。

混合气过浓或过稀时，击穿电压都会升高。

2. 火花应具有足够的能量

发动机正常工作时，由于混合气压缩终了的温度接近其自燃温度，所以仅需要 1~5 mJ 的火花能量。但在混合气过浓或是过稀时，发动机启动、怠速或节气门急剧打开时，则需要较高的火花能量。

随着现代发动机对经济性和排气净化要求的提高，迫切需要提高火花能量。因此，为了保证可靠点火，高能电子点火系一般应具有 80~100 mJ 的火花能量，启动时应产生高于 100 mJ 的火花能量。

3. 点火时刻应适应发动机的工作情况

对于多缸发动机，点火系统应按发动机的工作顺序进行点火。通常六缸发动机的点火顺序为 1—5—3—6—2—4，四缸发动机的点火顺序为 1—3—4—2 或 1—2—4—3。此外，对于某一缸而言，电火花产生的时刻应使发动机发出的功率最大、油耗最低、排放污染最小。点火时刻对发动机的性能影响很大。从火花塞点火到气缸内大部分混合气燃烧并产生高的爆发力需要一定的时间，虽然这段时间很短，但由于曲轴转速很高，在这段时间内，曲轴转过的角度还是较大的。若在压缩上止点点火，则混合气燃烧的同时活塞下移，从而使气缸容积增大，这将导致燃烧压力低，发动机功率也随之减小。因此，要在压缩接近上止点前点火，即点火提前。

从发出电火花开始至活塞到达上止点为止的一段时间内曲轴转过的角度，称为点火提前角。

如果点火提前角过小，当活塞到达上止点时才点火，则混合气的燃烧主要在活塞下行过程中完成，即燃烧过程在容积增大的情况下进行，使炽热的气体与气缸壁的接触面积增大，因而转变为有效功的热量相对减少，气缸内最高燃烧压力降低，导致发动机过热，功率下降。

如果点火提前角过大，由于混合气的燃烧完全在压缩过程进行，当活塞到达上止点之前气缸内的压力即达最大，使活塞受到反冲，发动机做负功，不仅使发动机的功率降低，并有可能引起爆燃和运转不平稳现象，加速运动部件和轴承的损坏。

实践证明，燃烧最大压力出现在上止点后 10°~15°时，发动机的输出功率最大，此时所对应的点火提前角为最佳点火提前角。

最佳点火提前角的影响因素很多，最主要的因素是发动机转速、负荷、冷却液温度及燃油品质等。

当发动机转速一定时，随着负荷的加大，节气门开度增大，进入气缸内的可燃混合气量增多，则压缩终了时混合气的压力和温度增高，同时，残余废气在气缸内所占的比例减小，混合气燃烧速度加快，这时点火提前角应适当减小；反之，发动机负荷减小时，点火提前角应适当增大。

当发动机节气门开度一定时，随着转速增加，燃烧过程所占曲轴转角增大，这时应适当加大点火提前角，即点火提前角应随转速增加适当加大。

汽油的辛烷值越高，抗爆性越好，点火提前角可适当增大，以提高发动机的性能；辛烷值较低的汽油抗爆性差，点火提前角则应减小。

三、电控点火系统的类型

电控点火系统按照是否保留分电器,可分为有分电器式电控点火系统和无分电器式电控点火系统。

1. 有分电器式电控点火系统

有分电器式电控点火系统(非直接点火系统)仍然保留分电器,点火线圈产生的高压电是经过分电器中的配电器进行分配的,即由分火头和分电器盖组成的配电器,依照点火顺序适时地将高压电分配至各气缸,使各缸火花塞依次点火,如图5-2所示。

特点:由于仍然有机械装置,因此发动机在一些工况下仍存在缺陷,无法保证在各种工况下点火提前角均处于最佳。此外,由于分电器在工作运转过程中有磨损的情况,所以也无法保证点火提前角的稳定性与准确性。

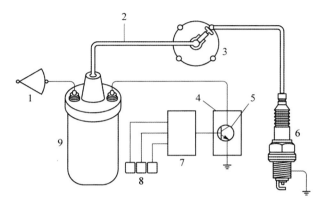

1—点火开关;2—高压线;3—分电器;4—点火器;
5—晶体管;6—火花塞;7—ECU;8—传感器;9—点火线圈

图5-2 有分电器式电控点火系统

2. 无分电器式电控点火系统

无分电器式电控点火系统(直接点火系统)用电子控制装置取代了分电器。该系统中点火线圈上的高压线直接与火花塞相连,工作时,点火线圈产生的高压电直接送至各火花塞,由微机根据各传感器输入的信息,依照发动机的点火顺序,适时地控制各缸火花塞点火。无分电器式电控点火系统由于废除了分电器,因此不存在分火头和旁电极间跳火的问题,减少了能量损失,不存在分火头与旁电极之间产生火花的问题,电磁干扰小,节省了安装空间。

根据点火线圈的数量和高压电分配方式的不同,无分电器式电控点火系统又可分为独立点火方式和同时点火方式两类。

(1) 独立点火方式。

独立点火方式即每个气缸的火花塞配一个点火线圈,单独对本缸点火,如图5-3所示。独立点火方式可用于任意气缸数的发动机。绝大部分无分电器式电控点火系统均采用无高压线的直接点火方式,这也是目前点火系统发展的最高阶段,直接点火可使高压电能的传递损失和对无线电的干扰降到最低水平。

该点火系统的点火线圈次级绕组与火花塞之间的高压电路中留有3~4 mm的间隙,其作用是防止初级电路接通时的误点火。

(2) 同时点火方式。

同时点火方式是利用一个点火线圈对活塞接近压缩上止点和排气上止点的两个气缸同时进行点火的高压配电方法,如图5-4所示。其中,活塞接近压缩上止点的气缸点火后,混合气燃烧做功,该气缸火花塞产生的电火花是有效火花;活塞接近排气上止点的气缸,火花塞产生的电火花是无效火花。由于排气气缸内的压力远低于压缩气缸内的压力,排气气缸中火花塞的击穿电压也远低于压缩气缸中火花塞的击穿电压,因而绝大部分点火能量主要释放在压缩气缸的火花塞上。同时点火方式中,由于点火线圈仍然远离火花塞,所以点火线圈与火花塞仍然需要高压线连接。同时点火方式只能用于气缸数为偶数的发动机。

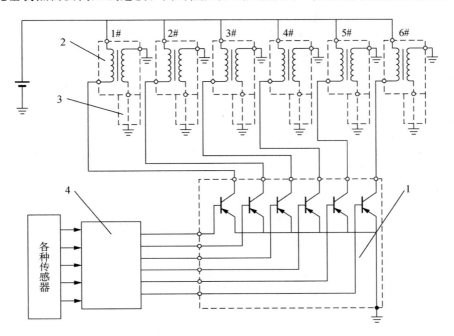

1—点火控制模块;2—ECU;3—火花塞;4—点火线圈

图 5-3　独立点火方式

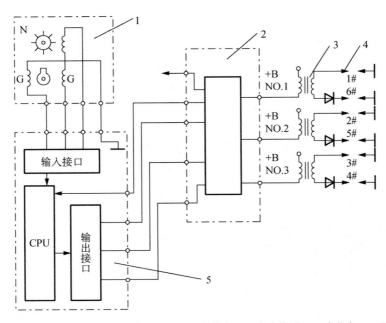

1—曲轴位置和凸轮轴位置传感器;2—点火控制模块;3—点火线圈;4—火花塞;5—ECU

图 5-4　同时点火方式

四、电控点火系统的功能

普通电子点火系统取消了断电器触点,采用了专用点火芯片为核心的电子组件,配上高能点火线圈,使其具有了点火能量高、点火电压大、能够实现点火的恒流控制和闭合角控制等多种控制功能,对改善发动机的性能起到了很大的作用。但普通电子点火系统对点火提前角的控制仍采用离心调节器和真空调节器,所控制的点火提前角与最佳点火提前角之间仍存在较大的误差。发动机的最佳点火提前角不仅取决于发动机的转速和负荷,同时还受到发动机冷却液温度、进气温度、可燃混合气成分和燃油品质等因素的影响。微机控制的电子点火系统可将所有影响因素都考虑进去,能为发动机提供任何工况下的最佳点火提前角,可进一步提高发动机的动力性和经济性,降低汽车的排气污染。

根据汽油机对点火系统的要求,在电子控制点火系统中,电控单元对点火的控制包括点火提前角控制、闭合角控制和爆震控制三个方面。

1. 点火提前角控制

对现代汽车而言,最佳点火提前角不仅要保证发动机的动力性、经济性达到最佳值,而且还必须使排气中有害物质的排放量最小。

(1) 最佳点火提前角的确定。

微机控制的电子点火系统所控制的最佳点火提前角通常包括初始点火提前角、基本点火提前角和修正点火提前角三部分,实际点火提前角就是这三部分相加的结果:

实际点火提前角 = 初始点火提前角 + 基本点火提前角 + 修正点火提前角

初始点火提前角由发动机的结构及曲轴位置传感器的安装位置决定,是未经 ECU 修正的点火提前角,通常为固定值。其大小随车型或发动机型式而异。

有些发动机的 ECU 将 G_1 或 G_2 信号出现后的第一个 Ne 信号过零点定为压缩行程上止点前 10°,并以这个角度作为点火正时计算的基准点。

基本点火提前角是 ECU 根据发动机的转速和负荷所确定的点火提前角,是发动机运转过程中最为主要的点火提前角。

当节气门位置传感器中的怠速触点闭合时,发动机处于怠速运行工况,ECU 根据发动机转速和空调开关是否接通确定基本点火提前角;当节气门位置传感器中的怠速触点断开时,发动机处于正常运行工况,ECU 通过发动机转速和负荷传感器获得发动机的工况信息,根据发动机所处的工况,从存储器的数据中得出最佳基本点火提前角。

发动机在各种工况下的最佳基本点火提前角通过大量的台架试验得出,将试验数据优化后作出了如图 5-5 所示的点火提前角控制脉谱图,并将其存储在 ECU 的存储器中。

除了转速和负荷以外,其他对点火提前角有重要影响的因素均归入修正点火提前角中。ECU 根据有关传感器的信号,分别得出对应的修正值,它

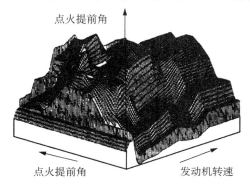

图 5-5 点火提前角控制脉谱图

们的代数和即为修正点火提前角。修正点火提前角包含的修正值有暖机修正、过热修正、空燃比反馈修正、怠速稳定性修正和爆震修正等。

① 暖机修正。

为了改善发动机的低温启动性能，在冷却液温度较低时，应适当增大点火提前角。在暖机过程中，随着冷却液温度的升高，点火提前角修正值逐渐减小，如图 5-6 所示。

修正值的变化规律及大小随发动机的冷却液温度信号、空气流量信号及节气门位置信号等的变化而变化。

② 过热修正。

发动机处于正常运行工况时（怠速触点断开），若冷却液温度过高，则可能引起爆震。为避免产生爆震，应适当推迟点火提前角。发动机处于怠速工况时（怠速触点闭合），若发动机冷却液温度过高，为避免发动机长时间过热，应适当增大点火提前角。过热修正值的变化规律如图 5-7 所示。

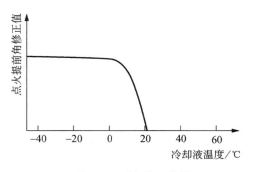
图 5-6　暖机修正曲线

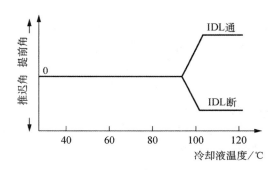
图 5-7　过热修正曲线

③ 空燃比反馈修正。

安装有氧传感器的电控发动机，ECU 可根据氧传感器的信号增减喷油量，使空燃比保持在 14.7 左右。随着修正喷油量的增加或减少，发动机转速也会发生变化。为提高发动机转速的稳定性，在减少喷油量的同时，应适当增大点火提前角，如图 5-8 所示。

④ 怠速稳定性修正。

发动机在怠速工况下运行时，由于负荷不稳定，可能会造成转速的变化。为了维持稳定的怠速转速，ECU 应适当地调整点火提前角。

发动机在怠速工况下，当发动机的转速低于规定的怠速时，ECU 根据实际转速与目标转速差值的大小相应地增大点火提前角；当发动机转速高于目标转速时，则相应地减小点火提前角（图 5-9）。

（2）最佳点火提前角的控制方式。

最佳点火提前角的控制方式有开环控制和闭环控制两种方式。

① 开环控制方式。

开环控制是 ECU 根据有关传感器提供的发动机工况信息，从内部存储器提取相应的基本点火提前角，再对发动机的非正常工况修正而得出的最佳点火提前角，以控制点火系统的工作，对控制结果的好坏不予考虑。

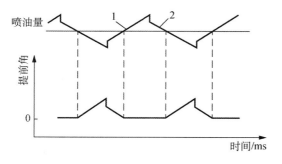

1—喷油量增加；2—喷油量减少

图 5-8 空燃比反馈修正曲线

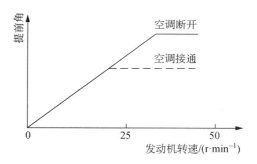

图 5-9 怠速稳定性修正曲线

点火提前角的开环控制方式，控制系统简单、运算速度快，但其控制精度取决于各传感器的精度，传感器所产生的任何偏差都可能使发动机偏离最佳点火时刻。此外，一些使用因素也会对发动机造成一定的影响，如积炭增多、燃油的辛烷值低造成的爆燃，怠速时由于负荷不稳定造成的发动机转速波动，发动机使用中的磨损、调整不当对点火提前角的影响等。

开环控制不能根据上述变化及时、准确地调整点火提前角，从而影响其控制精度。

② 闭环控制方式。

闭环控制方式在控制点火提前角的同时，还要检测发动机的有关工作情况，如发动机是否爆震、怠速是否稳定等，然后根据检测结果，及时对点火提前角进行进一步的修正，使发动机始终处于最佳点火工作状态，基本不受使用因素的影响，控制精度高。

目前实行的闭环控制主要有爆震控制和怠速稳定控制。

2. 闭合角控制

闭合角控制也称通电时间控制。

对于电感储能式点火系统，当点火线圈的初级线圈被接通后，通过线圈的电流是按指数规律增大的。初级线圈被断开瞬间所能达到的电流值与初级线圈接通时间长短有关。只有通电时间达到一定值时，初级线圈的电流才能达到饱和。而次级线圈所能产生的电压最大值与初级线圈断开时的电流大小成正比。为了获得足够高的次级电压，必须使初级线圈的电流达到饱和。

影响初级线圈电流大小的主要因素有发动机转速和蓄电池电压。为保证在不同的蓄电池电压和不同的转速下，初级线圈均具有相同的初级断开电流，ECU根据蓄电池电压和发动机的转速信号，从预置的闭合角数据表中查出相应的数值，对闭合角进行控制。

当发动机转速较高时，应适当增大闭合角，以防止初级线圈中的电流下降，造成次级电压下降，点火困难；当蓄电池电压下降时，也应适当增大闭合角。反之，应适当减小闭合角，以防止初级线圈发热和电能的无效消耗。

3. 爆震控制

为了最大限度地发挥汽油机的潜能，应将点火提前角控制在接近临界爆震点，同时又不能使发动机发生爆震。为使发动机的点火系统达到这样的性能要求，对发动机的点火提前角必须采用爆震反馈控制。

爆震反馈控制即对发动机的气缸压力或其他能对发动机爆震做出判断的相关参数进行

检测,ECU 根据检测传感器的输入信号,对发动机是否发生爆震做出判断,然后发出相应的执行指令,对点火提前角进行必要的修正。

(1) 爆震的检测方法。

对发动机爆震的检测方法有气缸压力检测、燃烧噪声检测和发动机机体振动检测等。燃烧噪声检测是一种非接触式检测方法,其耐久性好,但精度和灵敏度偏低。气缸压力检测方法精度较高,但传感器的耐久性较差,安装困难。发动机机体振动检测方法具有较高的检测精度,传感器安装灵活,耐久性也较好,是目前最常用的爆震检测方法。

(2) 爆震的控制方法。

爆震与点火时刻有密切关系。一般而言,点火提前角越大,就越易产生爆震。推迟点火时刻对消除爆震有明显的作用。

ECU 对爆震进行反馈控制时,首先将来自爆震传感器的输入信号进行滤波处理,滤波电路只允许特定范围频率的爆震信号通过,由此达到将爆震信号与其他振动信号分离的目的。此后,ECU 将此信号的最大值与爆震强度基准值进行比较,对是否发生爆震及爆震强弱程度做出判断,如信号最大值大于基准值,则表示发生爆震,ECU 推迟点火时刻。

由于发动机工作时振动比较剧烈,为了防止产生错误的爆震判别,ECU 对爆震信号的判别不是连续的,只限于发动机点火后可能发生爆震时段的振动信号,如图 5-10 所示。

ECU 通过对反映发动机负荷状况传感器的输入信号的分析,判断是否对点火提前角进行开、闭环控制。

当发动机的负荷低于一定值时,一般不会发生爆震,此时电控单元对点火提前角实行开环控制,ECU 只按预置数据及相关传感器的输入信号控制点火提前角的大小。

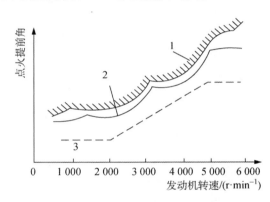

1—点火提前角限值;2—ECU 控制;3—分电器调整

图 5-10 点火正时的爆震校正

当发动机的负荷达到一定程度时,ECU 对点火提前角进行闭环控制。若发动机产生爆震,ECU 根据爆震信号的强弱,控制推迟角度的大小。爆震强度大,推迟的角度大;爆震强度弱,推迟的角度小。每一次的反馈控制调整都以一固定的角度递减,直到爆震消失为止。当爆震消失后,ECU 又以固定的提前角度逐渐增大点火提前角。当再次出现爆震时,ECU 再次逐渐减小点火提前角。在闭环控制点火提前角的过程中,此过程是反复进行的。

五、电控点火系统的组成

电控点火系统由传感器、ECU 和执行器组成,如图 5-11 所示。

传感器的作用是检测与点火提前角有关的发动机工况信息,并将信息输入 ECU,作为运算和控制点火时刻的依据。

传感器的类型有曲轴位置传感器、进气歧管绝对压力传感器、空气流量计、进气温度传感器、冷却液温度传感器、节气门位置传感器和爆震传感器等。

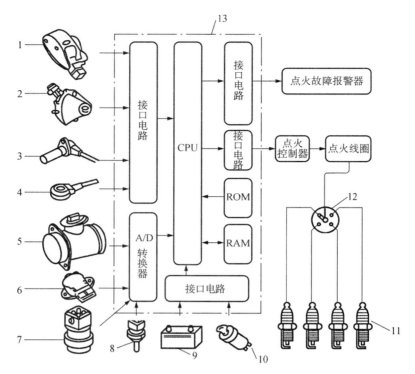

1—凸轮轴位置传感器；2—车速传感器；3—曲轴位置传感器；
4—爆震传感器；5—空气流量计；6—节气门位置传感器；7—冷却液温度传感器；
8—进气温度传感器；9—蓄电池；10—点火开关；11—火花塞；12—配电器；13—ECU

图 5-11　电控点火系统的组成

1. 爆震传感器（KS）

发动机电子控制系统应用点火时刻闭环控制的方法，有效地抑制了发动机爆震现象的发生。爆震传感器是这一控制系统中必不可少的重要部件，它的作用是检测发动机有无爆震现象，并将信号送入发动机微机控制装置。常用的爆震传感器是共振型压电式，此类型的爆震传感器是利用产生爆震时的发动机振动频率与传感器本身的固有频率相符合而产生共振现象，从而检测爆震是否发生。

2. ECU

ECU 是电控点火系统的核心，在点火系统工作时，接收各传感器输入的信息，按照特定的程序进行判断、运算后，向点火器输出最佳点火提前角和点火线圈初级电路导通的时间控制信号。

在 ECU 的存储器中，存储着点火控制程序和点火提前角的数据。

点火提前角的数据是在各种工况下通过大量的实验获得的，它可使发动机在任何工况下都能获得理想的或最佳的点火提前角。

3. 执行器

执行器的作用是接收 ECU 的指令，并具体执行某项控制功能。

（1）点火控制器。

点火控制器又称点火模块、点火电子组件、点火器或功率放大器，是微机控制点火系统的功率输出级,它接收 ECU 输出的点火控制信号并进行功率放大,以便驱动点火线圈工作。点火控制器的电路、功能与结构因车型的不同而不同,有的与 ECU 制作在同一块电路板上,有的为独立总成,并用线束与 ECU 相连。

(2) 点火线圈。

点火线圈把电源的低压电转变成火花塞点火所需要的高压电。所以,点火线圈实际上是一个变压器,主要由初级绕组、次级绕组和铁芯组成。按其铁芯结构形式可分为两种:开磁路点火线圈和闭磁路点火线圈。

(3) 火花塞。

① 火花塞间隙。

电极间隙正常值一般为 0.9～1.1 mm。电极间隙过小时,可能发生熄弧效应;间隙过大时,火花不易跳过该间隙,发动机可能会因此而熄火。所以有时需要调整电极间隙(常规火花塞)。对于白金或铱金火花塞,电极间隙不允许调整,只能更换火花塞。

② 火花塞热特性。

火花塞的散热量称为热值。能散出较多热量的火花塞,由于其自身保持较冷而被称为"冷塞"。散热量较少的火花塞,由于其自身保持较多的热量而被称为"热塞"。

热值越大,说明它散热越好,火花塞越冷;热值越小,说明它越不容易散热,火花塞越热。

火花塞的热值会直接影响火花塞中心电极的温度,该温度在 450 ℃(自洁温度)～950 ℃(自燃温度)之间时,火花塞的性能最佳。

六、电控点火系统的工作原理

如图 5-11 所示,发动机工作过程中,各传感器不断地检测发动机的转速、负荷、冷却水温、进气温度等信号,并将检测信号经接口电路输入 ECU,ECU 根据这些信号参数进行查找、运算、修正,将计算结果转变为控制信号,向点火模块发出控制指令,接通点火线圈的初级电路;经过最佳的导通时间后,再发出控制指令,使点火模块切断点火线圈的初级电路,初级电流中断,在点火线圈次级绕组中产生高压电,经配电装置送到火花塞,点燃混合气。

发动机工作期间,ECU 还不断地检测爆震传感器输出的信号,分步骤将点火提前角减小,爆震消除后又分步骤将点火提前角移回爆震前的状态,实现点火提前角的闭环控制。

任务工单　点火系统结构认知

学生姓名		班级		学号	
实训场地		学时		日期	

一、任务计划

请根据任务要求,确定所需要的场地和物品,并对小组成员进行合理分工,制订详细的工作计划。

1. 场地及物品准备

检查及记录完成任务需要的场地、设备、工具及材料。

（1）场地。

检查工作场地是否清洁，是否存在安全隐患，如不正常，请汇报教师并及时处理。

记录：

（2）车辆、总成、工件。

车辆：

其他：

（3）设备及工具。

防护装备：

设备及工具：

（4）材料。

材料：

（5）安全要求及注意事项。

① 实训汽车停在实训工位上，没有经过教师批准不准启动。经教师批准启动后，首先应检查车轮的安全顶块是否放好，汽车手制动是否拉好，排挡杆是否放在P挡（A/T）或空挡（M/T），车前是否有人。

② 发动机运行时不能把手伸入，防止造成意外事故。

③ 没有经过教师批准不允许随意连接或拔下电控元器件。

④ 点火开关接通时，不允许连接或拔下电控系统元器件的接插件。

⑤ 蓄电池的极性不能接反，否则将烧毁ECU与电子元器件。

⑥ 禁止使用启动电源辅助启动发动机，防止损坏电控系统元件。

2. 小组成员及分工

你所在小组成员：

你所负责的工作：

3. 操作流程

根据任务，小组进行讨论，确定工作计划（流程/工序），并记录。

（1）拆卸和安装火花塞。

步骤1：

步骤2：

步骤3：

步骤4：

步骤5：

（2）试高压跳火。

步骤1：

步骤2：

步骤3：

二、任务实施

根据制订的计划实施,完成以下任务并记录。

提示:教师根据需要提前设置故障。

1. 拆卸和安装火花塞

通过火花塞电极判断火花塞燃烧状况。

结论:

火花塞间隙标准值:0.9~1.1 mm

火花塞间隙实测值:

结论:

2. 试高压跳火

高压火状况:

结论:

三、任务检查

根据任务完成情况,学生根据下表自我评分,教师或指定组长在过程巡视或验收检查时,发现问题直接扣分,并在备注栏签名。

技能考核标准表

序号	项目	操作内容	标准分	实际评分	备注
1	任务准备 (10分)	场地准备	2		
		车辆/总成/工件准备	2		
		设备/工具准备	2		
		材料准备	2		
		仪容仪表/精神面貌准备	2		
2	实施过程 (30分)	火花塞拆卸	10		
		火花塞检查	10		
		火花塞安装	5		
		高压火测试	5		
3	完成质量 (20分)	测量数据准确	10		
		排除故障	10		
4	完成时间 (10分)	90 min	10		

续表

序号	项目	操作内容	标准分	实际评分	备注
5	安全操作 (20分)	个人防护	5		
		设备安全	5		
		人员安全	5		
		场地安全	5		
6	5S工作 (10分)	场地清洁	5		
		设备/工具/材料归位 电源/气源关闭	5		
	总 分		100		

四、任务评估

1. 自我评价及反馈

（1）通过本任务的学习，对照本任务的学习目标，你认为你的掌握情况如何？

知识目标：（　　）

A. 掌握　　　　　　B. 部分掌握　　　　　　C. 未掌握

说明：

技能目标：（　　）

A. 掌握　　　　　　B. 部分掌握　　　　　　C. 未掌握

说明：

（2）你是否积极学习，不会的内容积极向别人请教，会的内容积极帮助他人学习？（　　）

A. 积极学习　　　　　　　　　　B. 积极请教

C. 积极帮助他人　　　　　　　　D. 三者均不积极

（3）工具、设备和零件有没有落地现象发生？有无保持作业现场清洁？（　　）

A. 无掉地且场地清洁　　　　　　B. 有颗粒掉地

C. 保持作业现场清洁　　　　　　D. 未保持作业现场清洁

（4）实施过程中是否注意操作质量？有无责任心？（　　）

A. 注意质量,有责任心　　　　　　B. 不注意质量,有责任心

C. 注意质量,无责任心　　　　　　D. 全无

（5）在操作过程中是否注意清除隐患？在有安全隐患时是否提示其他同学？（　　）

A. 注意,提示　　　　　　　　　　B. 不注意,未提示

学生签名：　　　　　　　　年　　月　　日

2. 教师评价及答复

参照成果展示的得分,学生本次任务成绩(请在□上打√)：

　　　　□不合格　　□合格　　□良好　　□优秀

教师签名：　　　　　　　　年　　月　　日

任务二 点火系统检修

任务目标

- 掌握火花塞、点火线圈、曲轴位置传感器、爆震传感器的检修。

任务引入

点火系统传感器的作用是检测与点火提前角有关的发动机工况信息,并将信息输入电控单元,作为运算和控制点火时刻的依据。

必备知识

一、点火线圈技术状况的检查

点火线圈技术状况的检查包括绕组阻值的检查和绝缘性能的检查。检查初级绕组的阻值时应用多用表的 R×1 Ω 挡,而检查次级绕组的阻值时应用多用表的 R×1 kΩ 挡。

初级绕组的阻值通常为 1.2～1.7 Ω。若多用表指示阻值无穷大,则说明初级绕组断路;若阻值小于标准值,则说明匝间有短路。

次级绕组的阻值通常为 2.4～3.5 kΩ。若多用表指示阻值无穷大,则说明次级绕组断路;若阻值小于标准值或为 0,则说明匝间有短路。

检查点火线圈绕组的绝缘性能时,可用数字多用表 20 MΩ 挡测量,点火线圈任一端与外壳间的电阻值均应为无穷大,否则存在漏电故障,应更换。

二、火花塞技术状况的检查

电子点火系统火花塞的间隙为 0.8～0.9 mm,电控点火系统火花塞的间隙为 1.0～1.1 mm。如果间隙过小,发动机低速小负荷时会产生缺火现象;如果间隙过大,易击穿点火线圈,且高速大负荷时易断火。使用过程中,须定期检查火花塞的间隙和性能,检查方法如下:

1. 拆下火花塞后的检查

工作正常的火花塞其绝缘体裙部呈赤褐色,电极无烧损,且电极间隙正常。若火花塞绝缘体顶端起疤、破裂或电极熔化、烧蚀,都表明火花塞已经烧坏,应更换新件。

2. 未拆下火花塞的检查

就车检查火花塞技术状况的方法有短路法、感温法和吊火法。

用短路法检查火花塞的技术状况时,应使发动机低速运转,用螺丝刀在被测火花塞的高压线与缸体间短路,使该缸火花塞断电不工作。此时若发动机转速明显降低、抖动,说明该火花塞工作良好,否则为工作不良。

用感温法检查火花塞的技术状况时,应在发动机工作达到正常温度后,用手逐缸触摸火花塞瓷体,若某缸火花塞温度比其他缸的温度低,则温度低的火花塞工作不良。

用吊火法检查火花塞的技术状况时,可将高压线从火花塞上拆下,使其端头与火花塞接线柱保持 5 mm 间吊火,若发动机工作状况改善,则说明该火花塞有故障。

三、点火正时的检查与调整

为保证气缸中的混合气在正确的时间被点燃,在安装分电器或更换燃油品种时,要人工确定和调整初始点火提前角,通常将这一工作称为点火正时。点火正时是否正确对发动机的性能影响很大。点火时间过早会造成发动机的爆震燃烧,使发动机局部过热,燃料消耗增加,功率下降;点火时间过晚会使发动机燃烧所产生的最大压力下降,功率降低,经济性下降。因此,在发动机的使用与维修中,要确保点火正时的准确。

1. 就车检查点火正时

就车判断点火正时时,应使发动机处于正常工作温度(70 ℃~80 ℃)下怠速运转,当突然加速时,如果发动机速度急速提高并伴有短促而轻微的突爆声(轻微爆震),而后很快消失,则为点火正时;如果发动机转速不能随节气门开大而增大,发动机发闷且排气管出现"突突"声,则为点火过迟;如果发动机出现严重的金属敲击声,即爆震(敲缸),则为点火过早。

点火过早或过迟的一般调整方法是松开分电器壳体固定螺栓,将分电器轴按顺时针或逆时针方向转动少许,直至调好点火正时。

2. 使用点火正时灯(仪)检查点火正时

查找并验证飞轮或曲轴前端皮带盘上 1 缸压缩终了上止点标记和点火提前角标记,擦拭使之清晰可见,如标记不清晰,最好用粉笔或油漆将标记描白。

将点火正时灯(仪)正确连接到汽车发动机上,将传感器夹在 1 缸高压线上。必要时,接上转速表和真空表。

启动发动机至正常工作温度状态,保持在怠速下稳定运转。打开点火正时灯(仪)并对准正时标记(正时刻度盘或正时指针),调整点火正时灯(仪)电位器,使正时标记清晰可见,就如同固定不动一样。此时表头读数即为发动机怠速运转时的点火提前角。用同样的方法分别测出不同工况、转速时的点火提前角并记录。

四、爆震传感器的检修

1. 爆震传感器的电阻检修

拔下爆震传感器连线接头,用电阻表检测爆震传感器的接线端子与外壳间的电阻。若导通,则需更换爆震传感器。

2. 爆震传感器输出信号的检修

拔下爆震传感器的连接插头,当发动机在怠速时,用示波器检查爆震传感器的接线端子与搭铁间应有脉冲波形输出;若没有,则说明爆震传感器已损坏,需更换。

桑塔纳 2000GSi AJR 发动机采用了两只爆震传感器;如图 5-12 所示,在爆震传感器的连接电路中,端子 1 为信号线正极,端子 2 为信号线负极,端子 3 为屏蔽线。

(1)检测传感器电阻。断开点火开关,拔下传感器线束

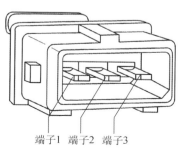

端子1 端子2 端子3

图 5-12 爆震传感器

插头,检测结果应与标准值相符。

(2) 检测线束电阻。断开点火开关,拔下传感器线束插头和 ECU 线束插头,两插头各端子间导线电阻检测结果应与标准值相符。

(3) 检测输出信号。插上传感器线束插头,启动发动机,检测端子1与端子2间的电压,正常值为 0.3~1.4 V。

爆震传感器的三个端子之间不应有短路现象,否则应更换爆震传感器。传感器插头和发动机控制单元线束插头之间的线路若有断路或短路,应排除故障。

任务工单　点火系统检修

学生姓名		班级		学号	
实训场地		学时		日期	

一、任务计划

请根据任务要求,确定所需要的场地和物品,并对小组成员进行合理分工,制订详细的工作计划。

1. 场地及物品准备

检查及记录完成任务需要的场地、设备、工具及材料。

(1) 场地。

检查工作场地是否清洁,是否存在安全隐患,如不正常,请汇报教师并及时处理。

记录:

(2) 车辆、总成、工件。

车辆:

其他:

(3) 设备及工具。

防护装备:

设备及工具:

(4) 材料。

材料:

(5) 安全要求及注意事项。

① 实训汽车停在实训工位上,没有经过教师批准不准启动。经教师批准启动后,首先应检查车轮的安全顶块是否放好,汽车手制动是否拉好,排挡杆是否放在 P 挡(A/T)或空挡(M/T),车前是否有人。

② 发动机运行时不能把手伸入,防止造成意外事故。

③ 没有经过教师批准不允许随意连接或拔下电控元器件。

④ 点火开关接通时,不允许连接或拔下电控系统元器件的接插件。

⑤ 蓄电池的极性不能接反,否则将烧毁 ECU 与电子元器件。
⑥ 禁止使用启动电源辅助启动发动机,防止损坏电控系统元件。

2. 小组成员及分工

你所在小组成员:

你所负责的工作:

3. 操作流程

根据任务,小组进行讨论,确定工作计划(流程/工序),并记录。

(1)双点火线圈的检测。

步骤1:

步骤2:

步骤3:

步骤4:

(2)独立点火线圈的检测。

步骤1:

步骤2:

步骤3:

步骤4:

二、任务实施

根据制订的计划实施,完成以下任务并记录。

提示:教师根据需要提前设置故障。

1. 双点火线圈的检测

(1)电阻检测。

	初级线圈电阻		次级线圈电阻	
	线圈1/4	线圈2/3	线圈1/4	线圈2/3
项　目				
实测值				
标准值				
结　论				

(2)高压线检测。

	1缸电阻	2缸电阻	3缸电阻	4缸电阻
实测值				
标准值				
结　论				

(3)供电电源的检测。

电源实测值:　　　　　标准值:　　　　　结论:

搭铁实测值：　　　　　标准值：　　　　　结论：

（4）控制信号的检测。

	1/4 缸控制信号	2/3 缸控制信号
实测值		
标准值		
结　论		

2. 独立点火线圈的检测

（1）端子识别。

画出卡罗拉点火线圈端子图，并标明端子含义。

（2）供电电源的检测。

电源实测值：　　　　　标准值：　　　　　结论：

搭铁实测值：　　　　　标准值：　　　　　结论：

（3）点火控制和确认信号的检测。

	IGT 控制信号	IGF 确认信号
实测值		
标准值		
结　论		

（4）点火控制信号和确认信号波形的检测。

用示波器测量并画出波形，与标准波形比较。

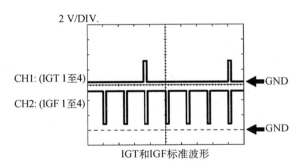

IGT和IGF标准波形

三、任务检查

根据任务完成情况，学生根据下表自我评分，教师或指定组长在过程巡视或验收检查时，发现问题直接扣分，并在备注栏签名。

技能考核标准表

序号	项目	操作内容	标准分	实际评分	备注
1	任务准备（10分）	场地准备	2		
		车辆/总成/工件准备	2		

续表

序号	项目	操作内容	标准分	实际评分	备注
1	任务准备（10分）	设备/工具准备	2		
		材料准备	2		
		仪容仪表/精神面貌准备	2		
2	实施过程（30分）	双点火线圈的检测	15		
		独立点火线圈的检测	15		
3	完成质量（20分）	测量数据准确	10		
		排除故障	10		
4	完成时间（10分）	90 min	10		
5	安全操作（20分）	个人防护	5		
		设备安全	5		
		人员安全	5		
		场地安全	5		
6	5S工作（10分）	场地清洁	5		
		设备/工具/材料归位 电源/气源关闭	5		
	总 分		100		

四、任务评估

1. 自我评价及反馈

（1）通过本任务的学习，对照本任务的学习目标，你认为你的掌握情况如何？

知识目标：（　　）

A. 掌握　　　　　　B. 部分掌握　　　　　　C. 未掌握

说明：

技能目标：（　　）

A. 掌握　　　　　　B. 部分掌握　　　　　　C. 未掌握

说明：

（2）你是否积极学习，不会的内容积极向别人请教，会的内容积极帮助他人学习？（　　）

A. 积极学习　　　　　　　　　　B. 积极请教

C. 积极帮助他人　　　　　　　　D. 三者均不积极

（3）工具、设备和零件有没有落地现象发生？有无保持作业现场清洁？（　　）

A. 无掉地且场地清洁　　　　　　B. 有颗粒掉地

C. 保持作业现场清洁　　　　　　D. 未保持作业现场清洁

（4）实施过程中是否注意操作质量？有无责任心？（　　）

项目五　汽油机电控点火系统检修

A. 注意质量,有责任心　　　　　　B. 不注意质量,有责任心
C. 注意质量,无责任心　　　　　　D. 全无
(5)在操作过程中是否注意清除隐患?在有安全隐患时是否提示其他同学?(　　)
A. 注意,提示　　　　　　　　　　B. 不注意,未提示

学生签名:　　　　　年　　月　　日

2. 教师评价及答复
参照成果展示的得分,学生本次任务成绩(请在□上打√):
　　□不合格　　□合格　　□良好　　□优秀

教师签名:　　　　　年　　月　　日

任务工单　爆震传感器检修

学生姓名		班级		学号	
实训场地		学时		日期	

一、任务计划

请根据任务要求,确定所需要的场地和物品,并对小组成员进行合理分工,制订详细的工作计划。

1. 场地及物品准备

检查及记录完成任务需要的场地、设备、工具及材料。
(1)场地。
检查工作场地是否清洁,是否存在安全隐患,如不正常,请汇报教师并及时处理。
记录:
(2)车辆、总成、工件。
车辆:
其他:
(3)设备及工具。
防护装备:
设备及工具:
(4)材料。
材料:
(5)安全要求及注意事项。
① 实训汽车停在实训工位上,没有经过教师批准不准启动。经教师批准启动后,首先应检查车轮的安全顶块是否放好,汽车手制动是否拉好,排挡杆是否放在 P 挡(A/T)或空挡(M/T),车前是否有人。
② 发动机运行时不能把手伸入,防止造成意外事故。
③ 没有经过教师批准不允许随意连接或拔下电控元器件。

④ 点火开关接通时,不允许连接或拔下电控系统元器件的接插件。

⑤ 蓄电池的极性不能接反,否则将烧毁 ECU 与电子元器件。

⑥ 禁止使用启动电源辅助启动发动机,防止损坏电控系统元件。

2. 小组成员及分工

你所在小组成员:

你所负责的工作:

3. 操作流程

根据任务,小组进行讨论,确定工作计划(流程/工序),并记录。

爆震传感器的检测。

步骤1:

步骤2:

步骤3:

步骤4:

步骤5:

步骤6:

二、任务实施

根据制订的计划实施,完成以下任务并记录。

提示:教师根据需要提前设置故障。

实训车型:

(1) 依据维修手册或教师指定的范围寻找实训车上的爆震传感器并填表。

传感器名称	安装位置	连接器引线数量	结构类型
爆震传感器			

(2) 观察连接器导线颜色,并分析其作用。

传感器端子编号	导线颜色	导线作用	爆震传感器端子形状与端子编号
1			
2			
3			

(3) 测量爆震传感器并填表。

测量端子	检测目的	标准值	测量值	结论
	ECM 提供给爆震传感器的参考电压	4.5～5.5 V		
	爆震传感器电阻值	120～280 kΩ(20 ℃时)		

(4) 用检测仪器检测爆震传感器信号。

连接检测仪器,启动发动机,进入数据流。

操 作	爆震传感器数据流	结论
急 速		
急加速		
急减速		

(5) 爆震传感器信号波形的检测。

将示波器测试棒连接到爆震传感器的信号线上,打开示波器,查看并记录传感器波形。

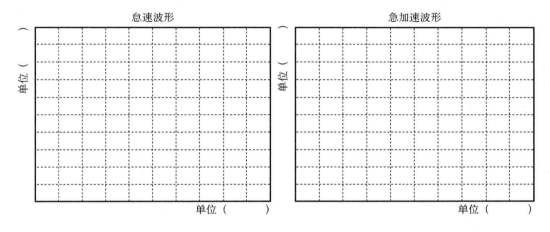

(6) 故障排除。

根据以上检测的结论,如果不正确,查找故障原因,并在教师指导下排除故障(应清除故障码)。

必要时根据拆装步骤更换传感器。

三、任务检查

根据任务完成情况,学生根据下表自我评分,教师或指定组长在过程巡视或验收检查时,发现问题直接扣分,并在备注栏签名。

技能考核标准表

序号	项目	操作内容	标准分	实际评分	备注
1	任务准备 (10分)	场地准备	2		
		车辆/总成/工件准备	2		
		设备/工具准备	2		
		材料准备	2		
		仪容仪表/精神面貌准备	2		

续表

序号	项目	操作内容	标准分	实际评分	备注
2	实施过程 （30分）	端子判断	5		
		电压检测	5		
		电阻检测	5		
		数据流检测	5		
		波形检测	5		
		结果判断	5		
3	完成质量 （20分）	测量数据准确	10		
		排除故障	10		
4	完成时间 （10分）	90 min	10		
5	安全操作 （20分）	个人防护	5		
		设备安全	5		
		人员安全	5		
		场地安全	5		
6	5S工作 （10分）	场地清洁	5		
		设备/工具/材料归位 电源/气源关闭	5		
	总 分		100		

四、任务评估

1. 自我评价及反馈

（1）通过本任务的学习，对照本任务的学习目标，你认为你的掌握情况如何？

知识目标：（　　）

A. 掌握　　　　　B. 部分掌握　　　　C. 未掌握

说明：

技能目标：（　　）

A. 掌握　　　　　B. 部分掌握　　　　C. 未掌握

说明：

（2）你是否积极学习，不会的内容积极向别人请教，会的内容积极帮助他人学习？（　　）

A. 积极学习　　　　　　　　　B. 积极请教

C. 积极帮助他人　　　　　　　D. 三者均不积极

（3）工具、设备和零件有没有落地现象发生？有无保持作业现场清洁？（　　）

A. 无掉地且场地清洁　　　　　B. 有颗粒掉地

C. 保持作业现场清洁　　　　　D. 未保持作业现场清洁

（4）实施过程中是否注意操作质量？有无责任心？（　　）

A. 注意质量,有责任心　　　　　　　　B. 不注意质量,有责任心

C. 注意质量,无责任心　　　　　　　　D. 全无

（5）在操作过程中是否注意清除隐患？在有安全隐患时是否提示其他同学？（　　）

A. 注意,提示　　　　　　　　　　　　B. 不注意,未提示

学生签名：　　　　　　年　　月　　日

2. **教师评价及答复**

参照成果展示的得分,学生本次任务成绩(请在□上打√)：

　　　□不合格　　□合格　　□良好　　□优秀

教师签名：　　　　　　年　　月　　日

项目六 汽油机辅助控制系统检修

项目描述

现代汽油电控喷射式发动机除了具有汽油喷射控制和点火控制功能以外,还能对怠速转速、进气增压、配气相位、废气排放等进行综合控制。

学习目标

1. 知识目标

（1）了解怠速控制系统、进气增压系统、可变配气相位控制系统、废气排放控制系统的组成和控制电路。

（2）掌握汽油机辅助控制系统主要部件的结构原理及工作过程。

（3）熟悉汽油机辅助控制系统的检修方法。

2. 技能目标

熟悉各辅助系统的检测方法。

任务一 怠速控制系统检修

任务目标

- 掌握怠速控制系统的功能与结构组成。
- 掌握怠速控制系统的工作原理和控制方法。
- 熟悉发动机怠速控制系统的故障诊断。

任务引入

一辆捷达轿车,行驶里程约 14 万千米,据车主反映,冷车无法起步,抖动,严重时会熄火。需要你对该车的怠速系统进行系统的检查,确定故障部位并排除故障。

必备知识

一、怠速控制的作用

怠速是指节气门关闭,油门踏板完全松开,且发动机对外无功率输出,并保持最低转速稳定运转的工况。怠速控制是指在保证发动机排放要求且运转稳定的情况下,尽量使发动机保持最低稳定转速,以降低怠速时的燃油量。怠速时喷油量的控制由燃油喷射控制系统根据空气量相匹配的原则进行增减,以达到目标空燃比。配置怠速控制系统后,发动机的怠速转速在汽车使用期内不会因发动机老化、气缸积碳、火花塞间隙和温度等变化而发生变化。

二、怠速控制的组成

怠速控制系统主要由传感器、ECU 和执行器三部分组成,如图 6-1 所示。ECU 首先根据各传感器的检测信号判断发动机是否处于怠速工况及发动机负荷的变化情况;然后根据存储在 ECU 中的怠速控制程序确定一个怠速运转的目标转速,并与实际怠速转速进行比较,从而根据比较控制执行器工作,以调节进气量,使发动机的怠速转速达到所确定的目标值。

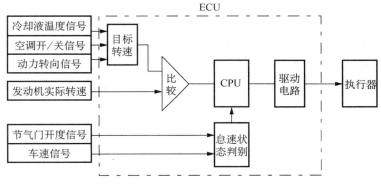

图 6-1 怠速控制系统

车速传感器提供车速信号,节气门位置传感器提供怠速触点开闭信号,这两个信号用来判定发动机是否处于怠速状态。发动机怠速时,节气门关闭,节气门位置传感器的怠速触点 IDL 闭合,传感器输出端子 IDL 输出低电平信号。因此,当 IDL 端子输出低电平信号时,如果车速为零,就说明发动机处于怠速状态;如果车速不为零,则说明发动机处于减速状态。

冷却液温度信号用于修正怠速转速。在 ECU 内部,存储有不同水温对应的最佳怠速转速。在冷车启动后的暖机过程中,ECU 根据发动机温度信号,通过控制怠速控制阀的开度来控制相应的快怠速转速,并随发动机温度升高逐渐降低怠速转速。当冷却液温度达到正常工作温度时,怠速转速恢复正常。

空调开关、动力转向开关、空挡启动开关信号和电源电压信号等向 ECU 提供发动机负荷变化的状态信息。在 ECU 内部,存储有不同负荷状况下对应的最佳怠速转速。

三、怠速转速控制过程

怠速控制的实质是控制发动机怠速时的进气量(充气量)。怠速时的喷油量则由 ECU

根据预先试验设定的怠速空燃比和实际充气量计算确定。

怠速控制主要包括发动机负荷变化控制和电器负荷变化控制两方面内容。怠速控制系统控制怠速转速的方法如下：

当发动机怠速负荷增大时，ECU 控制怠速控制阀使进气量增大，从而使怠速转速提高，防止发动机运转不稳或熄火；当发动机怠速负荷减小时，ECU 控制怠速控制阀使进气量减小，从而使怠速转速降低，以免怠速转速过高。

在发动机怠速状态下，当空调开关、动力转向开关等接通或空挡启动开关断开时，发动机负荷就会增大，转速就会降低。如果转速降低过多，发动机就可能熄火，会给车辆使用带来不便。因此，在接通空调开关或动力转向开关之前，需要先将怠速转速提高，防止发动机熄火。

当空调开关或动力转向开关断开时，发动机负荷又会减小，转速就会升高，不仅油耗会增大，而且会给汽车驾驶带来一定困难（起步前冲，容易导致汽车追尾）。因此在断开空调开关或动力转向开关之后，需要将怠速转速降低，防止怠速过高。另外，当电器负荷增大（如夜间行车开启前照灯、按喇叭等）时，电气系统的供电电压就会降低，如果电源电压过低，就会影响电控系统正常工作和用电设备正常用电。因此在电源电压降低时，需要提高怠速转速，以便提高电源电压。

怠速转速控制过程如图 6-1 所示。ECU 首先根据怠速触点 IDL 信号和车速信号，判断发动机是否处于怠速状态。当判定为怠速工况时，再根据发动机冷却液温度传感器信号、空调开关和动力转向开关等信号，从存储器存储的怠速转速数据中查询相应的目标转速，然后将目标转速与曲轴位置传感器检测的发动机实际转速进行比较。

当发动机负荷增大，需要发动机快怠速运转，目标转速高于实际转速时，ECU 将控制怠速控制阀（增大比例电磁阀式怠速控制阀的占空比，或增加步进电机步进的步数）增大旁通进气量来实现快怠速；反之，当发动机负荷减小，目标转速低于实际转速时，ECU 将控制怠速控制阀减小旁通进气量来调节怠速转速。

四、怠速控制系统的类型

怠速控制的实质就是对怠速工况下的进气量进行控制。根据控制进气量方式的不同，怠速控制可分为旁通空气式和节气门直动式两种控制类型，如图 6-2 所示。其中旁通空气式应用较为广泛。

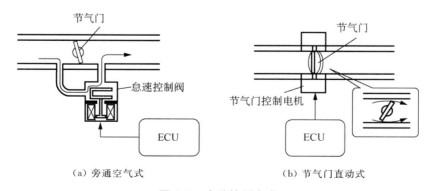

图 6-2 怠速控制方式

1. 旁通空气式怠速控制系统

旁通空气式怠速控制系统通过执行元件控制怠速旁通气道的空气量来控制怠速进气量。其在节气门旁通空气道内设立了一个阀门。怠速时,节气门完全关闭,怠速进气量由旁通空气道提供。怠速控制阀门开大,旁通空气流通截面增大,空气量增加,怠速转速提高;反之,怠速转速降低。旁通空气式怠速控制系统的类型有步进电机式、占空比控制电磁阀式和旋转滑阀式。

(1) 步进电机式怠速控制装置。

步进电机式怠速控制装置主要由传感器、ECU 和步进电机式怠速控制阀组成。

① 步进电机式怠速控制阀的结构。

步进电机式怠速控制阀由永久磁铁构成的转子、励磁线圈构成的定子、能把旋转运动变成直线运动的进给丝杠及阀门等组成,如图 6-3 所示。步进电机和怠速控制阀制成一体,安装在发动机进气总管上。步进电机顺时针或者逆时针旋转,可使阀芯产生轴向移动,以此改变阀门的开启高度,调节流过节气门旁通空气道的空气量。

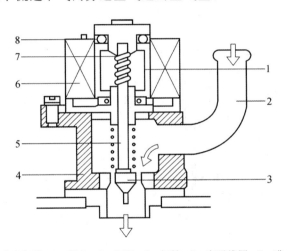

1—转子;2—旁通空气道;3—阀芯;4—阀座;5—阀轴;6—定子线圈;7—进给丝杠;8—轴承

图 6-3 步进电机式怠速控制阀的结构

转子有 8 对磁极,沿圆周方向分布。定子有 32 个爪级(上下两个铁芯各 16 个),步进电动机每转一步为 1/32 圈,工作范围为 0~125 个步进级。

定子爪极的瞬时极性由相线绕组控制电路控制,并通过 4 个线圈绕组的通电顺序改变步进电机的旋转方向,从而控制阀门的开启高度。要使阀门开启高度增加时,相线控制电路以 90°的相位差控制线圈绕组按 1—2—3—4 的顺序依次搭铁导通,定子磁场顺时针转动,由于与转子磁场间的相互作用,使转子随定子磁场同步转动,如图 6-4 所示。同理,步进电机的线圈按相反的顺序通电时,转子则随定子磁场同步反转。

② 步进电机式怠速控制阀的控制特性。

采用步进电机式怠速控制阀的怠速控制电路如图 6-5 所示。当发动机怠速负荷变化时,在怠速转速变化之前,ECU 将按照一定顺序控制驱动电路中的三极管 VT_1、VT_2、VT_3、VT_4 适时导通,分别接通步进电机定子绕组电流,使电机转子旋转,带动怠速控制阀的阀芯移动,从而调节进气量,使发动机怠速转速达到目标转速。

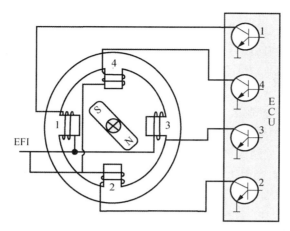

图 6-4　怠速步进电机相线控制电路

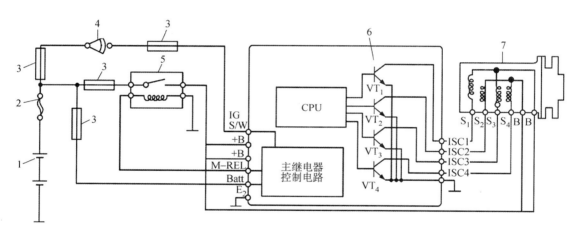

1—蓄电池；2—易熔线；3—熔断器；4—点火开关；5—主继电器；6—ECU；7—ISCV

图 6-5　步进电机式怠速控制阀控制电路

a. 初始位置确定。

为了改善发动机的再次启动性能,在点火开关断开时,ECU 将控制怠速控制阀处于全开状态,为再次启动做好准备。

当 ECU 内部主继电器控制电路接收到点火开关拨到"OFF"(断开)位置的信号时,ECU 将利用备用电源输入端(Batt 端子)提供的电压控制主继电器(燃油喷射继电器)线圈继续供电 2 s,使步进电机的控制阀退回到初始位置,以便下次启动时具有较大的进气量。

b. 启动控制特性。

启动发动机时,由于怠速控制阀预先设定在全开位置,因此进气量较大,发动机容易启动。一旦发动机被启动,如阀门保持在全开位置,急速转速就会升得过高。所以在启动时或启动后,当发动机转速达到规定值(该值由冷却液温度确定)时,ECU 就会控制步进电机步进的步数,使怠速控制阀阀门关小到由冷却液温度确定的阀芯位置,使怠速转速稳定。如发动机冷却液温度在启动时为 20 ℃,当发动机转速达到 500 r/min 时,ECU 将控制步进电机从全开位置 A 点(125 步)步进到达 B 点(70 步)位置[图 6-6(a)],使阀门关小,防止转速过高。

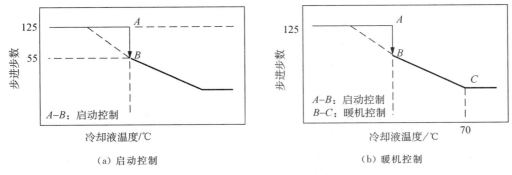

(a) 启动控制　　　　　　　　(b) 暖机控制

图 6-6　急速控制阀控制特性

c. 暖机控制特性。

在发动机启动后的暖机过程中,ECU 将根据冷却液温度传感器信号确定步进电机步进的位置。随着转速升高和发动机温度升高,急速控制阀阀门将逐渐关小,步进电机步进的步数逐渐减少,如图 6-6(b) 所示。当冷却液温度达到 70 ℃时,暖机控制结束,步进电机及其阀芯位置保持不变。

③ 步进电机式急速控制阀的检修。

a. 车上检查:当发动机熄火时,急速控制阀会发出"咔哒"的响声,使阀门开度退到最大位置。如听不到复位时的"咔哒"响声,应对急速控制阀进行检查。

b. 检测定子绕组的电阻值:拔下连接器插头,用多用表检测插座上的定子绕组,电阻值应当符合规定。永磁转子步进电机式急速控制阀有 2 组或 4 组线圈,各组线圈的阻值为 30~60 Ω,如阻值不符合规定,应予以更换。

c. 检查步进电机的工作情况:从节气门体上拆下急速控制阀,用导线将端子 B_1、B_2 连接蓄电池正极,然后依次将 S_1、S_2、S_3、S_4 与蓄电池负极连接,阀芯应当逐渐向外伸出。如果依次将 S_4、S_3、S_2、S_1 与蓄电池负极连接,阀芯应当逐渐收缩。如阀芯不能移动,说明步进电机失效,应予以更换。

d. 检测步进电机的工作电压:将急速控制阀安装到节气门体上,插好连接器插头。当点火开关接通"ON"位置时,检测 ECU 的端子 ISC1、ISC2、ISC3、ISC4 与搭铁之间(或检测急速控制阀连接器端子 S_1、S_2、S_3、S_4 与搭铁之间)应有 9~14 V 的脉冲电压。如无电压,再检查电源电压和主继电器是否正常。

(2) 占空比控制电磁阀式急速控制装置。

① 占空比控制电磁阀式急速控制装置的结构及工作原理。

所谓占空比,是指一个脉冲循环中,电磁线圈通电时间(即阀口打开时间)所占的比值,如图 6-7 所示。占空比控制电磁阀式急速控制装置主要由电磁线圈、阀轴、阀芯、弹簧等组成,如图 6-8 所示。

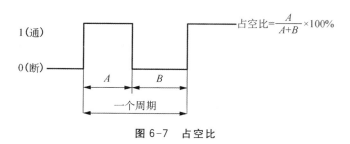

图 6-7 占空比

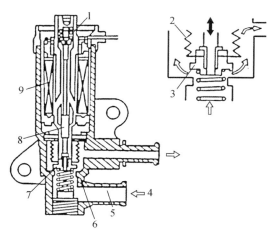

1—复位弹簧；2—波纹管；3,7—阀门；4—空气；5—吸入口；6—电磁线圈；8—阀芯；9—电磁线圈

图 6-8 占空比控制电磁阀式怠速控制装置

ECU向电磁线圈通以占空比可调的脉冲信号，因此线圈中的平均电流取决于控制信号的占空比，而平均电流的大小又决定了电磁阀的开度大小和发动机怠速的高低。占空比越大，线圈中平均电流就越大，线圈吸力强，阀门升程高，开度大，旁通空气量大，怠速高；反之则怠速低。

② 占空比控制电磁阀式怠速控制装置的检修。

a. 就车检查：当发动机怠速运转时，用手触摸怠速控制阀应感到有明显的振动感。如无振动感，或怠转速过高或过低，说明怠速控制阀失效，应予更换新品。

b. 检测电磁线圈的电阻：断开点火开关，拔下怠速控制阀连接器插头，检测插座上两个端子之间线圈电阻值，应约为20Ω左右。如不符规定，应予更换新品。

c. 检查怠速控制阀的工作情况：从节气门体上拆下怠速控制阀，用导线将其一个端子连接蓄电池正极，另一个端子连接蓄电池负极时，阀芯应当移动。如阀芯不能移动，说明怠速控制阀失效，应予更换新品。当断开一根导线时，阀芯应当迅速复位，如阀芯卡滞或不能迅速复位，说明怠速控制阀故障或复位弹簧失效，应更换新品。

(3) 旋转滑阀式怠速控制装置。

① 旋转滑阀式怠速控制装置的结构及工作原理。

旋转滑阀式怠速控制装置主要由永磁铁、电枢、旋转滑阀、螺旋回转弹簧及电刷等组成，如图 6-9 所示。

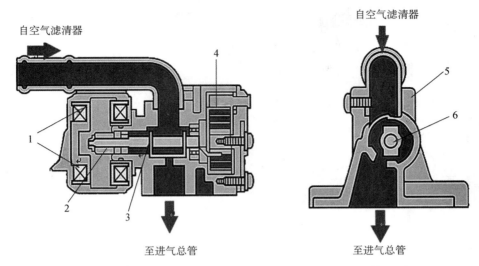

1—线圈；2—永久磁铁；3,6—滑阀；4—双金属片；5—阀体

图 6-9　旋转滑阀式怠速控制装置

如图 6-10 所示，滑阀固装在电枢轴上，与电枢轴一起转动，永久磁铁固定在外壳上，其间形成磁场。电枢位于永久磁场中，电枢的铁芯上绕有两组反相的电磁线圈。线圈 A 通电时，电枢带动滑阀顺时针偏转；B 线圈通电时，电枢带动滑阀逆时针偏转。

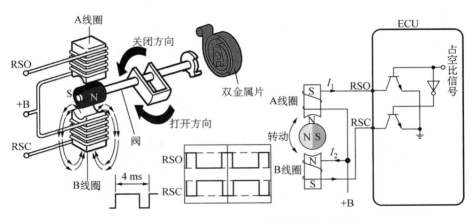

图 6-10　旋转滑阀式怠速控制装置的控制原理

ECU 根据传感器的输入信号采用占空比控制方式控制 A、B 线圈导通与截止，进而控制电枢轴（滑阀）的偏转角，以此改变旁通空气量，调整发动机怠速。

当占空比为 50% 时，两个三极管的导通时间相等，正、反向旋转力矩抵消，滑阀不转动。

当占空比小于 50% 时，线圈 A 的通电时间大于线圈 B 的通电时间，滑阀逆时针旋转，旁通空气道被关小。

当占空比大于 50% 时，线圈 B 的通电时间大于线圈 A 的通电时间，滑阀顺时针旋转，旁通空气道被打开。

占空比的调整范围约为 18%（旋转滑阀关闭）～82%（旋转滑阀打开），滑阀的偏转角度限定在 90°以内。

② 旋转滑阀式怠速控制装置的检修。

旋转滑阀式怠速控制装置的控制电路如图 6-11 所示。

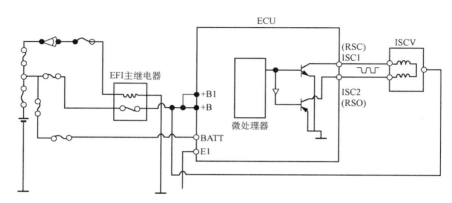

图 6-11　旋转滑阀式怠速控制装置的控制电路

a. 将点火开关转至"ON"挡,在线束侧测量电源端子＋B 与搭铁之间的电压,应为 9～14 V。

b. 拆开怠速控制阀上的三端子线束连接器,在怠速控制阀侧分别测量中间端子(＋B)与两侧端子(ISC1 和 ISC2)之间的电阻,正常应为 18.8～22.8 Ω。

2. 节气门直动式怠速控制系统

节气门直动式怠速控制系统是通过节气门体怠速稳定控制器,控制节气门的开启来实现怠速稳定控制的,它没有怠速旁通空气道。怠速稳定控制器由一个直流电机通过齿轮传动,控制节气门开启。桑塔纳 2000 轿车采用的就是节气门直动式怠速控制系统,如图 6-12 所示。

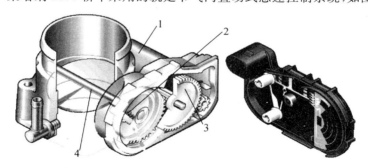

1—直流电动机；2—丝杆机构；3—减速齿轮机构；4—传动轴

图 6-12　节气门直动式怠速控制系统的结构

检修节气门控制组件时,需要注意以下几点:

(1) 节气门控制组件为一整体结构,壳体不允许打开。

(2) 怠速参数的基本设定已由制造厂设定在电控磐元中,不需要人工调整。

(3) 拆装或更换节气门控制组件后,必须用专用检测仪 V.A.G1551 或 V.A.G1552 重新进行一次基本设定。

进行基本设定时,如有下列情况,则发动机怠速仍不能正常工作:

① 节气门轴因油泥沉积等原因而转动不灵活时；

② 节气门拉索调整不当时；
③ 蓄电池电压过低(低于 11 V)时；
④ 节气门控制组件线束或连接器不良时。

任务工单　怠速控制系统检修

学生姓名		班级		学号	
实训场地		学时		日期	

一、任务计划

请根据任务要求,确定所需要的场地和物品,并对小组成员进行合理分工,制订详细的工作计划。

1. 场地及物品准备

检查及记录完成任务需要的场地、设备、工具及材料。

(1) 场地。

检查工作场地是否清洁,是否存在安全隐患,如不正常,请汇报教师并及时处理。

记录：

(2) 车辆、总成、工件。

车辆：

其他：

(3) 设备及工具。

防护装备：

设备及工具：

(4) 材料。

材料：

(5) 安全要求及注意事项。

① 实训汽车停在实训工位上,没有经过教师批准不准启动。经教师批准启动后,首先应检查车轮的安全顶块是否放好,汽车手制动是否拉好,排挡杆是否放在 P 挡(A/T)或空挡(M/T),车前是否有人。

② 发动机运行时不能把手伸入,防止造成意外事故。

③ 没有经过教师批准不允许随意连接或拔下电控元器件。

④ 点火开关接通时,不允许连接或拔下电控系统元器件的接插件。

⑤ 蓄电池的极性不能接反,否则将烧毁 ECU 与电子元器件。

⑥ 禁止使用启动电源辅助启动发动机,防止损坏电控系统元件。

2. 小组成员及分工

你所在小组成员：

你所负责的工作：

3. 操作流程

根据任务，小组进行讨论，确定工作计划（流程/工序），并记录。

（1）怠速转速的检查。

步骤1：

步骤2：

步骤3：

步骤4：

步骤5：

步骤6：

（2）怠速控制阀的检测。

步骤1：

步骤2：

步骤3：

二、任务实施

根据制订的计划实施，完成以下任务并记录。

1. 卡罗拉怠速转速的检查

怠速转速值：

结论：

2. 步进电机式怠速控制阀的检测

注：如果对怠速控制阀进行单体测量，电压检测步骤省略。

（1）分析以下电路图。

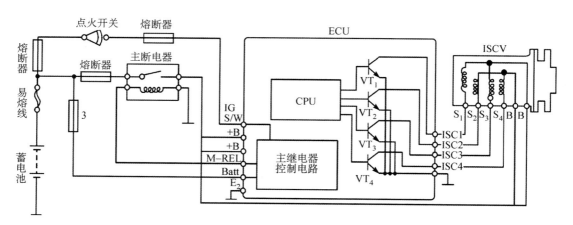

步进电机式怠速控制系统电路图

（2）根据电路图，完成检修过程。

第一步：检查怠速控制阀的电源电压。

第二步：发动发动机后再熄火时，2~3 s内在怠速控制阀附近应能听到阀运转的声音，否则应做进一步检查。

第三步:检测怠速控制阀电磁绕组的电阻。

第四步:检测怠速控制阀的工作情况。拆下怠速电磁阀,将蓄电池正极接至 B_1 和 B_2 端子,然后再将端子 S_1、S_2、S_3、S_4 依次(S_1—S_2—S_3—S_4)与蓄电池负极相接,此时步进电动机应转动,阀芯向外伸去;若将端子 S_1、S_2、S_3、S_4 按相反的顺序(S_4—S_3—S_2—S_1)与蓄电池负极相接,步进电动机应朝相反方向转动,阀芯向内缩入。

三、任务检查

根据任务完成情况,学生根据下表自我评分,教师或指定组长在过程巡视或验收检查时,发现问题直接扣分,并在备注栏签名。

技能考核标准表

序号	项目	操作内容	标准分	实际评分	备注
1	任务准备 (10分)	场地准备	2		
		车辆/总成/工件准备	2		
		设备/工具准备	2		
		材料准备	2		
		仪容仪表/精神面貌准备	2		
2	实施过程 (30分)	怠速进气流量的检测	15		
		步进电机的检测	15		
3	完成质量 (20分)	测量步骤合理	10		
		测量数据准确	10		
4	完成时间 (10分)	90 min	10		
5	安全操作 (20分)	个人防护	5		
		设备安全	5		
		人员安全	5		
		场地安全	5		
6	5S工作 (10分)	场地清洁	5		
		设备/工具/材料归位 电源/气源关闭	5		
	总 分		100		

四、任务评估

1. 自我评价及反馈

(1) 通过本任务的学习,对照本任务的学习目标,你认为你的掌握情况如何?

知识目标:(　　　)

A. 掌握　　　　B. 部分掌握　　　　C. 未掌握

说明：

技能目标：（　　　）

　　A. 掌握　　　　　　　　B. 部分掌握　　　　　C. 未掌握

说明：

（2）你是否积极学习，不会的内容积极向别人请教，会的内容积极帮助他人学习？（　　　）

　　A. 积极学习　　　　　　　　　　　　B. 积极请教

　　C. 积极帮助他人　　　　　　　　　　D. 三者均不积极

（3）工具、设备和零件有没有落地现象发生？有无保持作业现场清洁？（　　　）

　　A. 无掉地且场地清洁　　　　　　　　B. 有颗粒掉地

　　C. 保持作业现场清洁　　　　　　　　D. 未保持作业现场清洁

（4）实施过程中是否注意操作质量？有无责任心？（　　　）

　　A. 注意质量，有责任心　　　　　　　B. 不注意质量，有责任心

　　C. 注意质量，无责任心　　　　　　　D. 全无

（5）在操作过程中是否注意清除隐患？在有安全隐患时是否提示其他同学？（　　　）

　　A. 注意，提示　　　　　　　　　　　B. 不注意，未提示

　　　　　　　　　　　　　　　学生签名：　　　　　年　　月　　日

2. 教师评价及答复

参照成果展示的得分，学生本次任务成绩（请在□上打√）：

　　□不合格　　□合格　　□良好　　□优秀

　　　　　　　　　　　　　　　教师签名：　　　　　年　　月　　日

任务二　进气增压系统检修

任务目标

- 认识进气增压系统。
- 能检测增压系统。

任务引入

一辆帕萨特 B5 1.8T 轿车在高速（车速＞120 km/h）行驶时有挫车现象。经检查，维修人员初步判断为进气系统故障，需进一步对进气系统进行检查。

必备知识

一、废气涡轮增压系统

1. 废气涡轮增压的作用及基本结构

废气涡轮增压是指利用发动机排出的高温高压的废气能量，驱动涡轮做高速运转，带动

同轴上的压缩机,由此压缩吸入的空气并送入气缸内,因而可以吸入大量的空气,显著提高进气效率,达到提高发动机输出功率的目的。相比无增压的汽油机,带废气涡轮增压的汽油机功率提高10%~40%,油耗降低5%。

废气涡轮增压器的基本结构如图6-13所示。涡轮驱动压缩器将吸入的空气压缩,使之升温,从而减小其密度。吸入的空气在中冷器中再次被冷却,从而提高其密度。

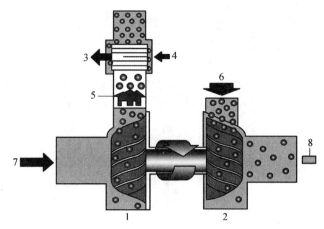

1—压缩器(压缩吸入的空气);2—废气涡轮(驱动压缩机);3—由中冷器散发的热量;
4—新鲜空气;5—压缩升温后的空气进入中冷器;6—发动机排气驱动涡轮;7—空气入口;8—排气

图6-13 废气涡轮增压器结构

增压压力与增压器转速有关,而增压器转速又取决于废气能量。发动机在高速大负荷时的废气能量高,增压压力高;在低速小负荷时的废气能量低,增压压力低。因此,涡轮增压发动机的低速转矩小,加速性差。为了获得低速大转矩和良好的加速性,轿车用涡轮增压器的设计转速常为标定转速的40%。这样,在高速时的增压压力将会过高,增压器可能超速,同时还会使汽油机的热负荷过大并发生爆燃,为此必须对增压压力进行调节。

2. 废气涡轮增压系统的组成及工作原理

(1) 真空膜片式涡轮增压系统。

真空膜片式涡轮增压系统的组成如图6-14所示。它利用发动机排出的废气作为动力来推动涡轮增压机内的涡轮(位于排气道内),涡轮又带动同轴的压缩轮(位于进气道内),压缩轮压缩由空气滤清器管道送来的新鲜空气,再送入气缸,然后从进气歧管将进气歧管压力引入膜片式执行器去驱动废气阀,通过调节进入涡轮室的废气量将进气增压控制在一定范围内。

执行器内有膜片将之分隔成左右两个腔,膜片左侧受进气增压压力的作用,膜片右侧装有弹簧。膜片与废气阀通过一根推杆连接。当压缩轮侧进气增压压力增加到足以克服执行器内的弹簧力时,推杆推动废气阀开启,一部分废气绕过涡轮经排气歧管直接排放出去,增压压力也随之下降。

(2) 电控废气涡轮增压系统。

由发动机ECU控制的废气涡轮增压系统的组成如图6-15所示。该系统主要设置有涡轮增压器、膜片执行器、中间冷却器、排气旁通阀和机械式换气阀等,系统的电控元件有发动机控制模块 J220、增压压力控制电磁阀 N75、空气流量计 G70、发动机转速传感器 G28 和增压压力传感器 G31 等。ECU 通过使电磁阀得失电来控制真空膜片式的真空压力,从而控制排气旁通阀的开关。

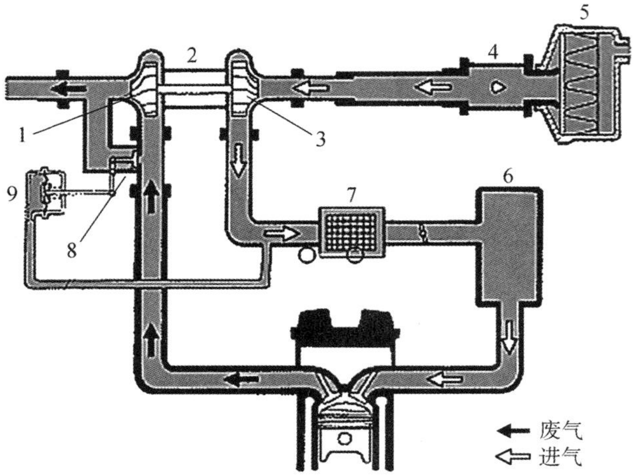

1—涡轮；2—涡轮增压机；3—压缩轮；4—空气流量计；
5—空气滤清器；6—进气室；7—中冷器；8—废气阀；9—执行器

图 6-14 真空膜片式涡轮增压系统

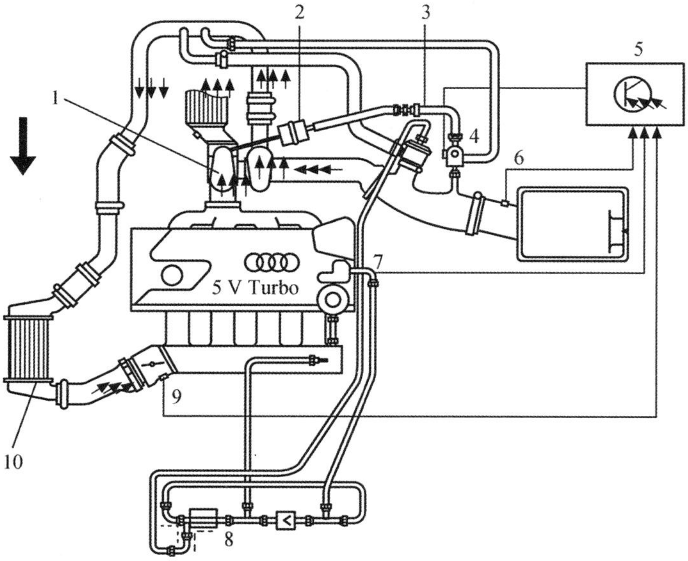

1—涡轮增压器；2—膜片执行器；3—机械式换气阀；
4—N75；5—J220；6—G70；7—G28；8—N249；9—G31；10—中间冷却器

图 6-15 电控废气涡轮增压系统

① 涡轮增压器。

涡轮增压器由涡轮、泵轮及中间体三部分组成,如图 6-16 所示。

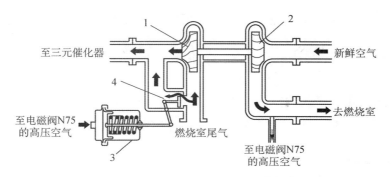

1—涡轮；2—泵轮；3—膜片执行器；4—排气旁通阀

图 6-16　涡轮增压器结构

② 膜片执行器。

膜片式控制阀的右室通大气，内有弹簧作用在膜片上；左室则连到增压压力控制电磁阀 N75。与膜片连接的联动杆用来控制排气旁通阀的开启与关闭。当左室压力低时，弹簧推动膜片左移，并带动联动杆将排气旁通阀关闭。当左室压力高时，膜片右移，并通过联动杆将排气旁通阀打开，使部分排气直接排入大气，从而降低涡轮机转速和增压压力。

③ 增压压力控制电磁阀 N75。

增压压力控制电磁阀 N75 是一种两位三通式电磁阀，其结构如图 6-17 所示。其三个管口分别通空气高压端（增压器下游）、空气低压端（增压器上游）和膜片执行器。增压压力控制电磁阀 N75 的通断由发动机控制模块 J220 控制。当电磁阀断电时，膜片执行器的左室与低压空气端连通。当电磁阀通电时，膜片执行器的左室与高压空气端连通。

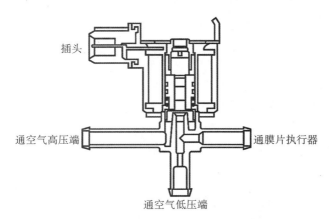

图 6-17　增压压力控制电磁阀 N75 结构

控制模块根据空气流量计、发动机转速、增压压力等传感器的信号，对增压压力控制电磁阀的通断进行控制。当实际进气压力低于理论值时，旁通阀门关小；当实际进气压力高于理论值时，旁通阀门开大。

3. 废气涡轮增压系统的检修

为了防止涡轮增压器停转和早期损坏，发动机的润滑油油面高度必须符合规定，并应定期更换润滑油及机油滤清器。空气滤清器及进气系统必须保持良好的状态，否则进入发动机的灰尘将损坏压气机叶轮的叶片。必须保持冷却系统状态完好,以保证正常的增压器寿命。

当涡轮增压系统发生故障时,车辆会出现加速无力、达不到最高车速、油耗上升、排气冒黑烟、排气冒蓝烟、润滑油消耗异常等现象。

常见的故障有电气系统故障(增压压力控制电磁阀 N75、控制电路、发动机控制模块故障)、机械故障(增压压力控制电磁阀 N75、膜片执行器、涡轮增压器等故障)、管路故障等。

(1) 增压控制的检测。

连接诊断仪,选择"读取测量数据块",如图 6-18 所示。

图 6-18 显示区域

显示区 2(经校正的发动机规定负荷):规定值为 0.00~8.00 ms。

显示区 3(发动机实际负荷):规定值与显示区 2 中经校正的发动机规定负荷相同(公差为 −0.3 ms~+0.3 ms)。

显示区 4:全负荷(节气门全开)进行路试,发动机转速为 4 000 r/min 时,查看增压控制电磁阀的占空比,规定值为 75%~95%。如没有达到规定值,通过改变发动机转速使占空比在规定范围内。

发动机实际负荷超出公差范围,可能是下列故障造成的:

① 增压压力控制电磁阀 N75 有电气故障。

② 增压压力控制系统的软管松动、漏气或阻塞。

③ 增压压力控制电磁阀 N75 阻塞。

④ 涡轮增压器与进气歧管之间漏气。

⑤ 旁通阀机构发卡或不灵活。

⑥ 涡轮增压器损坏(涡轮被异物卡死)。

(2) 增压压力控制电磁阀 N75 的检测。

① 检查增压压力控制电磁阀 N75 的电阻,如图 6-19 所示。

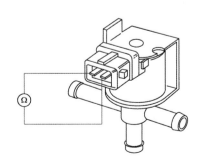 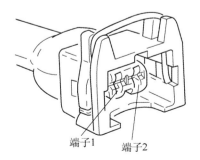

图 6-19 增压压力控制电磁阀 N75 电阻的检测　　图 6-20 增压压力控制电磁阀 N75 两脚端子

② 检测增压压力控制电磁阀 N75 的供电。

③ 检查增压压力控制电磁阀 N75 的触发情况：拔下增压压力控制电磁阀 N75 的导线插接器，将二极管试灯串联在端子 1 和 2 之间，如图 6-20 所示，然后启动执行元件诊断功能，触发增压压力控制电磁阀，二极管试灯应闪亮。

二、谐波进气增压控制系统

谐波进气增压控制系统是利用进气气流的惯性产生的压力波来提高充气效率的。

在发动机进气行程初期，由于活塞的吸入作用，在进气管内产生负的压力波（负压波），这种负压波在进气管内传播，并到达进气管末端；在此末端若无压力变化，该负压波就被反射回来，形成逆相位的正压力波；当进气门打开时，正压力波进入气缸内，于是提高了填充效率，这就是惯性增压的原理。由气缸、进气管构成进气系统，由活塞引起压力振动而产生共振，使这种惯性效应达到最大值。一般通过选择进气管长度、进排气门的开闭定时，在发动机的额定转速下即可获得较好的惯性效应。

如果使这种进气压力脉动波与进气门的配气相位配合好，可使进气管内的空气产生谐振，利用谐振效应在进气门打开时就会形成增压进气效果，有利于增加发动机的输出功率。

一般而言，进气管细长时，谐振压力波的波长就长，有利于发动机中低转速区扭矩增加；进气管短粗时，谐振压力波的波长就短，有利于发动机高速范围内输出功率的增加。若发动机进气管的长度或截面积可以随转速改变，就可以使发动机在整个转速范围内充分利用进气谐振效应，有效地提高发动机的动力性。

一般来讲，进气管的长度是不能改变的，因此惯性增压一般都是按最大扭矩所对应的转速区域来进行设计的。现在一些发动机利用电子控制单元可以使发动机进气管的长度随转速改变，就可以使发动机在整个转速范围内充分利用进气谐振效应，有效地提高了发动机的动力性。奥迪 A4 所采用的可变进气增压系统如图 6-21 所示，丰田汽车惯性增压可变进气系统如图 6-22 所示。

丰田汽车公司四缸发动机可变进气系统的特点是：在进气管中间通道上设置了与各缸进气管相连通的第二稳压箱，并在连通部位上安装了可变进气控制阀，其进气管的有效长度可以调节。

1—进气道；2—进气转换阀

图 6-21 奥迪 A4 可变进气增压系统

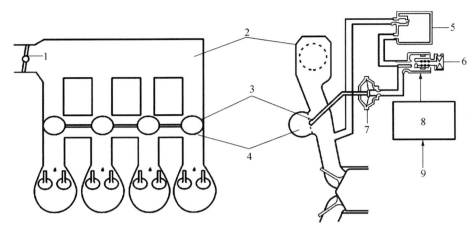

1—节气门；2—第一稳压箱；3—进气控制阀；4—第二稳压箱；5—真空箱；
6—真空通断控制电磁阀；7—真空促动阀；8—发动机 ECU；9—发动机转速信号

图 6-22 丰田汽车惯性增压可变进气系统

如图 6-23 所示是丰田汽车惯性增压可变进气系统在发动机低、中速和高速条件下的基本工作原理。发动机在低、中速运转时，由于各气缸的进气管在第一稳压箱中，它基本上呈连通状态，当可变进气控制阀关闭时，实际进气管长度加大，兼顾扭矩和功率的增大；当发动机高速运转时，可变进气控制阀开启，第二稳压箱中各气缸的进气管连通，各缸进气歧管的气体压力在稳压箱内相互抵消，使实际进气管长度变短，提高了发动机的输出功率。利用这一原理，在发动机低、中速时关闭可变进气控制阀，而在高速时开启，从而达到惯性效应与发动机转速同步变化，以实现可变进气。

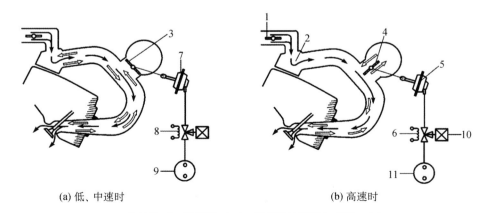

(a) 低、中速时　　　　　　　　　(b) 高速时

1—节气门；2—稳压箱；3,4—可变进气阀（各缸各设一个）；
5,7—真空促动阀；6,8—真空通断控制电磁阀；9,11—真空箱；10—通大气

图 6-23 丰田汽车惯性增压可变进气系统的基本工作原理

任务实施

任务工单　进气增压系统检修

学生姓名		班级		学号	
实训场地		学时		日期	

一、任务计划

请根据任务要求,确定所需要的场地和物品,并对小组成员进行合理分工,制订详细的工作计划。

1. 场地及物品准备

检查及记录完成任务需要的场地、设备、工具及材料。

(1) 场地。

检查工作场地是否清洁,是否存在安全隐患,如不正常,请汇报教师并及时处理。

记录:

(2) 车辆、总成、工件。

车辆:

其他:

(3) 设备及工具。

防护装备:

设备及工具:

(4) 材料。

材料:

(5) 安全要求及注意事项。

① 实训汽车停在实训工位上,没有经过教师批准不准启动。经教师批准启动后,首先应检查车轮的安全顶块是否放好,汽车手制动是否拉好,排挡杆是否放在 P 挡(A/T)或空挡(M/T),车前是否有人。

② 发动机运行时不能把手伸入,防止造成意外事故。

③ 没有经过教师批准不允许随意连接或拔下电控元器件。

④ 点火开关接通时,不允许连接或拔下电控系统元器件的接插件。

⑤ 蓄电池的极性不能接反,否则将烧毁 ECU 与电子元器件。

⑥ 禁止使用启动电源辅助启动发动机,防止损坏电控系统元件。

2. 小组成员及分工

你所在小组成员:

你所负责的工作:

3. 操作流程

根据任务,小组进行讨论,确定工作计划(流程/工序),并记录。

增压器检测方法：

步骤1：

步骤2：

步骤3：

步骤4：

步骤5：

二、任务实施

根据制订的计划实施，完成以下任务并记录。

1. 增压压力测量

(1) 连接诊断仪。

(2) 挂空挡，拉手刹，启动发动机。

(3) 进入发动机自诊断 08 数据流读取功能。

(4) 输入通道号。是否正常？_____。

(5) 急踩油门到 4 000 r/min(不可以保持)。

(6) 读取检测仪上 4 区数据流。是否正常？_____。

2. 增压系统部件检测

(1) 增压压力限制电磁阀的检测。

① 打开点火开关(不启动发动机)，连接诊断仪，进入发动机系统 03 执行元件诊断功能。

空气再循环阀状态是否正常？_____。

增压压力限制电磁阀状态是否正常？_____。

② 拔下涡轮增压器空气再循环阀的导线插接器，用多用表欧姆挡在涡轮增压器空气再循环控制阀侧导线插接器处检查涡轮增压器空气再循环阀的电阻，其值应为_____Ω。是否正常？_____。

用多用表欧姆挡在涡轮增压器增压压力限制电磁阀侧导线插接器处检查涡轮增压器空气再循环阀的电阻，其值应为_____Ω。是否正常？_____。

(2) 增压压力传感器的检测。

① 拔下增压压力传感器插头，将多用表的电压挡接到插头触点 1 和 3 之间，接通点火开关，测量值：_____。是否正常？_____。

② 插上增压压力传感器导线插接器，用多用表的电压挡测量增压压力传感器导线插接器信号端子和搭铁端子之间的电压。

发动机怠速运转时，信号电压值约为_____。是否正常？_____。

发动机急加速时，信号电压值约为_____。是否正常？_____。

三、任务检查

根据任务完成情况，学生根据下表自我评分，教师或指定组长在过程巡视或验收检查时，发现问题直接扣分，并在备注栏签名。

技能考核标准表

序号	项目	操作内容	标准分	实际评分	备注
1	任务准备 （10分）	场地准备	2		
		车辆/总成/工件准备	2		
		设备/工具准备	5		
		材料准备	2		
		仪容仪表/精神面貌准备	2		
2	实施过程 （30分）	操作注意事项	10		
		增压压力测量	10		
		增压部件检测	10		
3	完成质量 （20分）	测量数据准确	10		
		排除故障	10		
4	完成时间 （10分）	90 min	10		
5	安全操作 （20分）	个人防护	5		
		设备安全	5		
		人员安全	5		
		场地安全	5		
6	5S工作 （10分）	场地清洁	5		
		设备/工具/材料归位 电源/气源关闭	5		
		总　分	100		

四、任务评估

1. 自我评价及反馈

（1）通过本任务的学习，对照本任务的学习目标，你认为你的掌握情况如何？

知识目标：（　　）

A. 掌握　　　　　B. 部分掌握　　　　C. 未掌握

说明：

技能目标：（　　）

A. 掌握　　　　　B. 部分掌握　　　　C. 未掌握

说明：

（2）你是否积极学习，不会的内容积极向别人请教，会的内容积极帮助他人学习？（　　　）

A. 积极学习 B. 积极请教
C. 积极帮助他人 D. 三者均不积极

(3) 工具、设备和零件有没有落地现象发生?有无保持作业现场清洁?（　　）

A. 无掉地且场地清洁 B. 有颗粒掉地
C. 保持作业现场清洁 D. 未保持作业现场清洁

(4) 实施过程中是否注意操作质量?有无责任心?（　　）

A. 注意质量,有责任心 B. 不注意质量,有责任心
C. 注意质量,无责任心 D. 全无

(5) 在操作过程中是否注意清除隐患?在有安全隐患时是否提示其他同学?（　　）

A. 注意,提示 B. 不注意,未提示

学生签名：　　　　　年　　月　　日

2. 教师评价及答复

参照成果展示的得分,学生本次任务成绩(请在□上打√)：

□不合格　□合格　□良好　□优秀

教师签名：　　　　　年　　月　　日

任务三 可变气门正时系统检修

任务目标

- 掌握可变气门正时系统的功能及组成。
- 掌握可变气门正时系统的工作过程。

任务引入

一辆装备1ZR电控发动机的卡罗拉轿车,车主反映加速不良,故障指示灯常亮。需要对可变气门正时系统进行全面的检查,确定故障部分并排除故障。

必备知识

一、可变气门正时系统概述

发动机的配气相位对其动力性、经济性及排气污染都有重要的影响。最佳的配气相位应使发动机在很短的换气时间内充入最多的新鲜空气(可燃混合气),并使排气阻力最小,废气残留量最少。发动机转速变化时,由于气流的速度和进排气门早开迟闭的绝对时间都发生了变化,因此其最佳的配气相位角也应随之改变。传统的自然吸气式发动机,其配气机构的配气相位和气门升程都是固定的,这就使进气量相对是固定的,动力性、经济性以及排放性的潜力均未完全发挥。在中低速时,发动机需要的混合气量并不高,以保持转速的稳定以及减少燃油消耗和污染物的排放;但在高速时便需要更大的进气量来满足高动力输出的需

求。发动机进气门的相位(开闭的时机)和升程(开度的大小)便是决定气缸进气量的最直接因素。

随着轿车汽油机的高速化和排放法规的日趋严格,可变气门技术已经迅速发展起来。可变气门正时系统是一种改变气门开启时间或开启大小的电控系统,通过配备的控制及执行系统对发动机凸轮的相位进行调节,通过在不同转速下为车辆匹配更合理的气门开启或关闭时刻,从而使得气门开启、关闭的时间随发动机转速的变化而变化,来增强车辆扭矩输出的均衡性,提高发动机功率并降低车辆的油耗。

二、本田 VTEC 可变气门正时及气门升程电子控制系统

广州本田雅阁轿车的配气机构采用的是可变配气正时及气门升程电子控制配气机构(VTEC 配气机构)。VTEC 配气机构在发动机工作时,排气门的工作情况与普通配气机构相同,而同一缸的两个进气门受 VTEC 机构分别控制,发动机控制单元根据发动机转速、负荷等变化来控制 VTEC 机构工作,实现单进气门工作或双进气门工作,改变进气门的配气相位及升程。

1. VTEC 的结构组成

VTEC 的结构组成如图 6-24 所示,主要由主摇臂、中间摇臂、次摇臂、正时活塞、同步活塞、正时板、进气门、凸轮轴等组成。进气总成如图 6-25 所示。VTEC 发动机每个气缸都有与普通气门一样动作的四个气门(一个主进气门、一个副进气门和两个排气门);凸轮轴除原有控制两个气门的一对凸轮外,还增设一中间高位凸轮,三个凸轮轮廓各不相同。进气摇臂总成如图 6-26 所示,气门摇臂分成并排在一起的主摇臂、中间摇臂和辅助摇臂。在主摇臂内有一油道与摇臂轴油道相通,在主摇臂的腔内有一正时活塞和同步活塞 A,在正时活塞、同步活塞间有一正时弹簧,在主摇臂上设有一正时板,中间摇臂的腔内有一同步活塞 B,在辅助摇臂的腔内有限位活塞。

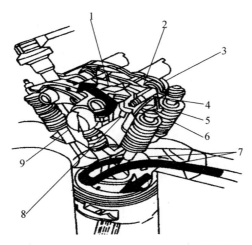

1—正时板;2—中间摇臂;3—次摇臂;4—同步活塞 B;
5—同步活塞 A;6—正时活塞;7—进气门;8—主摇臂;9—凸轮轴
图 6-24 VTEC 的结构组成

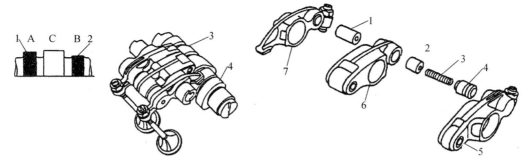

1,3—主凸轮；2,4—辅助凸轮

图 6-25 进气总成

1—同步活塞 B；2—同步活塞 A；3—正时弹簧；
4—正时活塞；5—主摇臂；6—中间摇臂；7—辅助摇臂

图 6-26 进气摇臂总成

2. VTEC 的工作过程

VTEC 机构的工作过程：VTEC 不工作时，同步活塞 A 及其左侧的正时活塞停留在主摇臂油缸孔内，与中间摇臂等宽的同步活塞 B 停留在中间摇臂的油缸孔内，限位活塞和弹簧则停留在次摇臂的油缸孔内。正时活塞的一端与液压油道连通，液压油来自油泵，油道的开、闭由控制单元通过电磁阀控制，如图 6-27 所示。发动机低速运转时，控制单元（PCM）不发出指令，电磁阀使油道关闭，摇臂油缸内无油压，各活塞分别停留在各自的油缸孔内，3 个摇臂彼此分离独立，受各自的凸轮驱动工作，如图 6-28(a) 所示。此时，主凸轮通过主摇臂驱动主进气门，供给发动机低速时所需的混合气；中间摇臂虽随中间凸轮大幅度摆动，但不影响气门的正常关闭；次凸轮的升程非常小，通过次摇臂驱动次进气门微量开闭，其目的是防止次进气门附近积聚燃油。即在低速时，VETC 不工作，配气机构处于单进、双排气门工作状态，单进气门由主凸轮驱动。

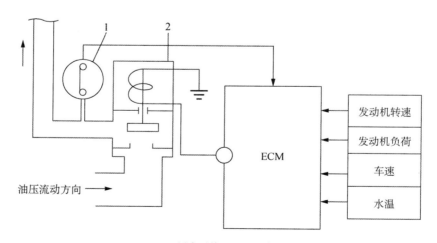

1—压力开关；2—电磁阀

图 6-27 VTEC 控制电路

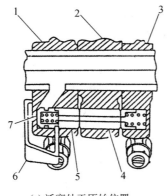 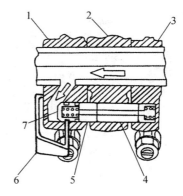

(a) 活塞处于原始位置　　　　　　(b) 活塞处于工作位置

1—主摇臂；2—中间摇臂；3—辅助摇臂；4—同步活塞 B；5—同步活塞 A；6—正时板；7—正时活塞

图 6-28　VTEC 配气机构工作状态

当发动机高速运转，且发动机转速、负荷、冷却水温度及车速达到设定值（转速为 2 300～2 500 r/min，负荷达 25%，水温达 60 ℃ 以上，车速达 10 km/h 以上）时，控制单元向 VTEC 电磁阀供电，使电磁阀开启。来自油泵的液压油进入正时活塞一侧，由正时活塞推动两同步活塞和限位活塞移动。两同步活塞分别将主摇臂与中间摇臂、次摇臂与中间摇臂串联成一体，成为一个同步工作的组合摇臂，如图 6-28（b）所示。由于中间凸轮升程最大，气门的提前开启角和滞后关闭角也大，所以组合摇臂受中间凸轮驱动，两个进气门同步工作，且实现了进气门的配气相位和升程的变化，满足了发动机高速工作时的进气要求。

当发动机转速下降到设定值时，微机切断 VTEC 电磁阀电流，正时活塞一侧的油压降低，各摇臂油缸孔内的活塞在回位弹簧作用下回位，3 个摇臂又彼此分离，独立工作。

三、丰田可变气门正时系统 VVT-i

丰田 VVT-i 智能可变气门正时系统是一种控制进气凸轮轴气门正时的机构，在进气凸轮轴与传动链轮之间装有油压离合装置，让进气门凸轮轴与链轮之间转动的相位差可以改变，通过调整凸轮轴转角对气门正时进行优化，从而提高发动机在所有转速范围内的动力性、燃油经济性，降低尾气的排放。

1. VVT-i 的结构组成

丰田 VVT-i 系统由 VVT-i 控制器、凸轮轴正时机油控制阀、传感器和发动机控制单元组成，如图 6-29 所示。

（1）VVT-i 控制器。

VVT-i 控制器的结构如图 6-30 所示，由一个固定在进气凸轮轴上的叶片、一个与从动正时链轮一体的壳体、一个锁销组成。控制器有气门正时提前室和气门正时滞后室这两个液压室，通过凸轮轴正时机油控制阀的控制，它可在进气凸轮轴上的提前或滞后油路中传送机油压力，使控制器叶片沿圆周方向旋转，连续改变进气门正时，以获得最佳的配气相位。

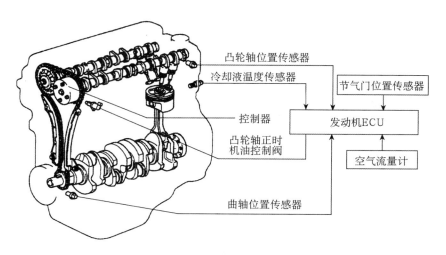

图 6-29 丰田 VVT-i 系统的结构组成

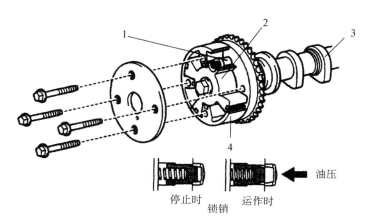

1—锁销；2—叶片；3—进气凸轮轴；4—壳体

图 6-30 VVT-i 控制器

（2）凸轮轴正时机油控制阀。

凸轮轴正时机油控制阀如图 6-31 所示，由一个用来转换机油通道的滑阀、一个用来控制移动滑阀的线圈、一个柱塞及一个回位弹簧组成。

凸轮轴正时机油控制阀根据 ECU 的指令控制滑阀的位置，从而控制机油液压，使 VVT-i 控制器处于提前、滞后或保持位置。当发动机停机时，凸轮轴正时机油控制阀多处在滞后状态，以确保启动性能。

2. VVT-i 的工作过程

如图 6-32 所示，发动机 ECU 根据发动机转速、进气量、节气门位置和水温计算出一个最优气门正时，凸轮轴正时机油控制阀根据发动机 ECU 的控制指令选择至 VVT-i 控制器的不同油路，以处于提前、滞后或保持这三个不同的工作状态。此外，发动机 ECU 根据来自凸轮轴位置传感器和曲轴位置传感器的信号检测实际的气门正时，从而尽可能地进行反馈控制，以获得预定的气门正时。

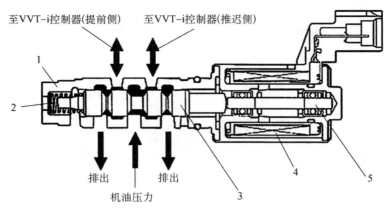

1—套筒；2—弹簧；3—滑阀；4—线圈；5—柱塞

图 6-31　凸轮轴正时机油控制阀的结构

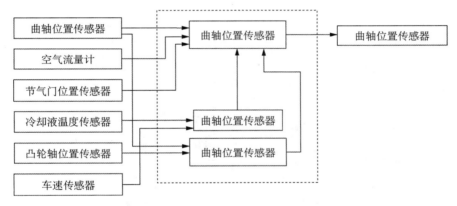

图 6-32　VVT-i 控制原理

正时提前：控制单元提供给凸轮轴正时油压电磁阀占空比较大的信号，阀柱塞移至最左侧，如图 6-33 所示，此时左油道与机油压力相通，而右油道则为回油，故机油压力将叶片向凸轮轴旋转方向推动，使进气凸轮轴向前转一角度，进气门提前开启，进排气门重叠开启角度最大。

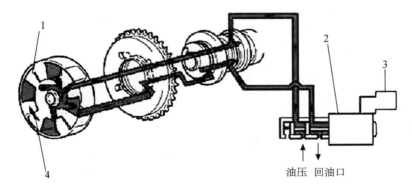

1—叶片；2—凸轮轴正时机油控制阀；3—发动机 ECU；4—旋转方向

图 6-33　正时提前

正时保持：控制单元提供送出占空比一定的信号给凸轮轴正时油压电磁阀,阀柱塞保持在中间,如图 6-34 所示,堵住左、右油道,此时不进油也不回油,叶片保持在活动范围的中间,故进气门开启提前角度较小。

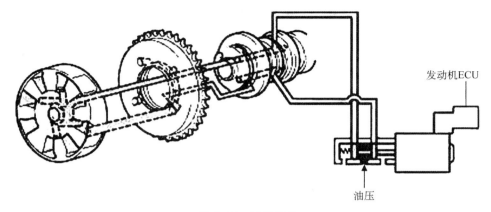

图 6-34　正时保持

正时推迟：控制单元提供给凸轮轴正时油压电磁阀占空比较小的信号,阀柱塞移至最右侧,如图 6-35 所示,此时左油道回油,右油道与机油压力相通,机油压力将叶片逆凸轮轴旋转方向推动,故进气门开启提前角度最小。

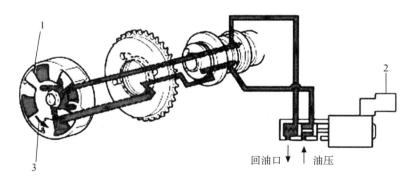

1—叶片；2—发动机 ECU；3—旋转方向

图 6-35　正时推迟

任务工单　可变气门正时控制系统检修

学生姓名		班级		学号	
实训场地		学时		日期	

一、任务计划

请根据任务要求,确定所需要的场地和物品,并对小组成员进行合理分工,制订详细的工作计划。

1. 场地及物品准备

检查及记录完成任务需要的场地、设备、工具及材料。

(1) 场地。

检查工作场地是否清洁,是否存在安全隐患,如不正常,请汇报教师并及时处理。

记录:

(2) 车辆、总成、工件。

车辆:

其他:

(3) 设备及工具。

防护装备:

设备及工具:

(4) 材料。

材料:

(5) 安全要求及注意事项。

① 实训汽车停在实训工位上,没有经过教师批准不准启动。经教师批准启动后,首先应检查车轮的安全顶块是否放好,汽车手制动是否拉好,排挡杆是否放在P挡(A/T)或空挡(M/T),车前是否有人。

② 发动机运行时不能把手伸入,防止造成意外事故。

③ 没有经过教师批准不允许随意连接或拔下电控元器件。

④ 点火开关接通时,不允许连接或拔下电控系统元器件的接插件。

⑤ 蓄电池的极性不能接反,否则将烧毁ECU与电子元器件。

⑥ 禁止使用启动电源辅助启动发动机,防止损坏电控系统元件。

2. 小组成员及分工

你所在小组成员:

你所负责的工作:

3. 操作流程

根据任务,小组进行讨论,确定工作计划(流程/工序),并记录。

卡罗拉可变气门系统的检测:

步骤1:

步骤2:

步骤3:

步骤4:

步骤5:

二、任务实施

根据制订的计划实施,完成以下任务并记录。

提示:教师根据需要提前设置故障。

对卡罗拉可变气门系统进行检测。

(1) 就车检测。

提示：

根据实训条件，在教师指导下进行。

直接给凸轮轴正时机油控制阀施加蓄电池电压。

发动机变化情况：

结论：

(2) 凸轮轴正时机油控制阀电阻检测。

标准阻值：20 ℃时，6.9～7.9 Ω

实测阻值：

结论：

(3) 凸轮轴正时机油控制阀动作测试。

控制阀动作情况：

结论：

三、任务检查

根据任务完成情况，学生根据下表自我评分，教师或指定组长在过程巡视或验收检查时，发现问题直接扣分，并在备注栏签名。

技能考核标准表

序号	项目	操作内容	标准分	实际评分	备注
1	任务准备 (10分)	场地准备	2		
		车辆/总成/工件准备	2		
		设备/工具准备	2		
		材料准备	2		
		仪容仪表/精神面貌准备	2		
2	实施过程 (30分)	就车检测	10		
		电阻检测	10		
		动作测试	10		
3	完成质量 (20分)	测量数据准确	10		
		回答问题正确	10		
4	完成时间 (10分)	90 min	10		

续表

序号	项目	操作内容	标准分	实际评分	备注
5	安全操作 （20分）	个人防护	5		
		设备安全	5		
		人员安全	5		
		场地安全	5		
6	5S工作 （10分）	场地清洁	5		
		设备/工具/材料归位 电源/气源关闭	5		
	总　分		100		

四、任务评估

1. 自我评价及反馈

（1）通过本任务的学习，对照本任务的学习目标，你认为你的掌握情况如何？

知识目标：（　　）

　　A. 掌握　　　　　　B. 部分掌握　　　　　C. 未掌握

说明：

技能目标：（　　）

　　A. 掌握　　　　　　B. 部分掌握　　　　　C. 未掌握

说明：

（2）你是否积极学习，不会的内容积极向别人请教，会的内容积极帮助他人学习？（　　）

　　A. 积极学习　　　　　　　　　　　B. 积极请教

　　C. 积极帮助他人　　　　　　　　　D. 三者均不积极

（3）工具、设备和零件有没有落地现象发生？有无保持作业现场清洁？（　　）

　　A. 无掉地且场地清洁　　　　　　　B. 有颗粒掉地

　　C. 保持作业现场清洁　　　　　　　D. 未保持作业现场清洁

（4）实施过程中是否注意操作质量？有无责任心？（　　）

　　A. 注意质量，有责任心　　　　　　B. 不注意质量，有责任心

　　C. 注意质量，无责任心　　　　　　D. 全无

（5）在操作过程中是否注意清除隐患？在有安全隐患时是否提示其他同学？（　　）

　　A. 注意，提示　　　　　　　　　　B. 不注意，未提示

学生签名：　　　　　　　　年　　月　　日

2. 教师评价及答复

参照成果展示的得分，学生本次任务成绩（请在□上打√）：

　　　　□不合格　　□合格　　□良好　　□优秀

教师签名：　　　　　　　　年　　月　　日

任务四 排放控制系统检修

任务目标

- 掌握燃油蒸气排放系统、废气再循环系统、三元催化转换器、二次空气供给系统的组成和工作原理。
- 能正确快速识别汽油发动机排放控制各系统的组成部件。
- 能对各系统常见故障进行排除。

任务引入

一辆爱丽舍轿车,在使用过程中,由于发动机排放控制系统有故障,造成燃油箱被吸瘪,燃油泵烧坏,发动机熄火后无法启动。

必备知识

随着汽车工业的发展,汽车保有量不断增加,汽车排放污染对人类环境的危害已成为一种严重的社会公害。汽车的排放污染主要来源于发动机排出的废气(占65%以上)、曲轴箱窜气(约占20%)和燃料供给系统中蒸发的燃油蒸气(占10%~20%)。汽油机的主要排放污染物是一氧化碳(CO)、碳氢化合物(HC)和氮氧化合物(NO_x),柴油机的主要排放污染物是HC、NO_x和碳烟。

发动机尾气中的HC主要是未燃的燃油蒸气,另外,油箱蒸气和曲轴箱窜气也含有大量的HC。CO是混合气不完全燃烧的产物。NO_x是氮气和氧气在高温高压下反应生成的产物。

针对汽车污染源和各种污染物的产生机理,近年来,在现代汽车尤其是轿车上装用了多种排放控制系统,主要包括:燃油蒸气排放(EVAP)控制系统、废气再循环(EGR)控制系统、三元催化转化器(TWC)与空燃比反馈控制系统、二次空气供给系统、曲轴箱强制通风(PCV)系统。随着电控技术的发展,大部分排放控制系统(如EVAP控制系统、EGR控制系统、TWC与空燃比反馈控制系统、二次空气供给系统)均采用了ECU控制。

一、燃油蒸气排放(EVAP)控制系统

1. 燃油蒸气排放控制系统的功能

燃油蒸气排放控制系统的功能是防止燃油蒸发的气体泄出车外,并将它重新导入发动机进行燃烧,以免溢出车外污染大气。

燃油蒸气一般可从燃油箱各个接口和进气歧管等处泄出进入大气,而这些蒸发气体基本是碳氢化合物(HC)。碳氢化合物是对人体有害的气体,又是产生危害极大的"烟雾"的根源,它造成的污染可达车辆潜在全部污染的20%。燃油蒸气排放控制装置可将燃油蒸气引入发动机燃烧室进行燃烧,既可防止燃油蒸气进入大气造成污染,又可减少蒸发造成的燃油

损耗，提高燃油的经济性。

2. 燃油蒸气排放控制系统的结构

油箱中的燃油蒸气通过单向阀进入活性炭罐上部，空气从炭罐下部进入清洗活性炭，在炭罐右上方有一定量排放小孔及受真空控制的排放控制阀，排放控制阀内部的真空度由炭罐控制电磁阀控制。EVAP 控制系统的结构如图 6-36 所示。

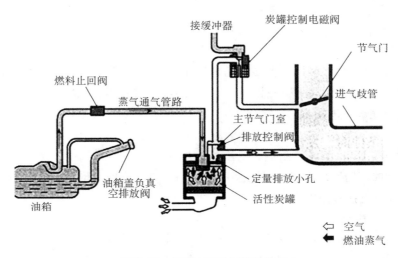

图 6-36　EVAP 控制系统的结构

3. 燃油蒸气排放控制系统的工作原理

发动机工作时，ECU 根据发动机转速、温度和空气流量等信号，控制炭罐电磁阀的开闭来控制排放控制阀上部的真空度，从而控制排放控制阀的开度。当排放控制阀打开时，燃油蒸气通过排放控制阀被吸入进气歧管。

通常情况下，当发动机处于停机、启动、暖机以及怠速等工况时，ECM 使炭罐电磁阀的阀门处于关闭状态。由于没有空气流通，燃油蒸气暂时储存在活性炭罐内。

当发动机在正常温度下中、高速运转时，ECU 使炭罐电磁阀的阀门开启，储存在炭罐内的燃油蒸气被外界空气吹入发动机燃烧。这股清洁气流是成分难以确定的燃油蒸气与空气的混合物，若仅仅由新鲜空气构成则会使混合气稀释 1%，而含有大量燃油蒸气的清洁气流有时可将混合气加浓 30%。为了使空燃比控制不受干扰，ECU 必须根据发动机工况的不同对 EVAP 系统的清洁气体流量进行控制。ECU 所参考的传感器信号一般有以下几种：

(1) 曲轴传感器的曲轴转速信号。

(2) 进气管压力（或空气流量）传感器的发动机负荷信号。

(3) 冷却液温度传感器的发动机温度信号。

(4) 怠速识别信号（怠速开关接通）。

(5) 氧传感器的空燃比反馈信号。

炭罐中有一个液体燃料收集器，它收集所有进入炭罐的液体（燃油蒸气冷凝形成液体）。当燃油箱有真空度时，这种液体从炭罐返回燃油箱。液体燃料收集器可防止炭罐中的活性炭被液体燃料污染。活性炭罐系统减少了从汽油箱进入大气的 HC 的排放量。如果活性炭罐系统泄漏,则燃油蒸气会从燃油箱流出进入大气。如果一个有故障的活性炭罐系统在发动机怠速运转时,其排放控制阀打开进行燃油蒸气的清除,则过浓的混合气会使发动机怠速工作粗暴。

在某些车型上,活性炭罐污染控制系统有利于发动机抑制爆燃。当ECU判断出发动机产生爆燃时,立刻使炭罐电磁阀关闭,切断真空,关闭排放控制阀,直至爆燃消失且超过150 ms时,ECU才使炭罐电磁阀恢复工作。

4. EVAP控制系统的检修

(1) 一般维护。

在使用中,应经常检查各连接管路有无破损或漏气,必要时更换连接软管;检查活性炭罐壳体有无裂纹、底部进气滤芯是否脏污,必要时更换炭罐或滤芯;一般汽车每行驶20 000 km,应更换活性炭罐底部的进气滤芯。

(2) 真空控制阀的检查。

从活性炭罐上拆下真空控制阀,当用手动真空泵由真空管插头给真空控制阀施加约5 kPa的真空度时,从活性炭罐侧吹入空气应畅通;不施加真空度时,吹入空气则不通。若不符合上述要求,应更换真空控制阀。

(3) 电磁阀的检查。

发动机不工作时,拆开电磁阀进气管一侧的软管,用手动真空泵由软管插头给控制电磁阀施加一定真空度,电磁阀不通电时应能保持真空度,若给电磁阀接通蓄电池电压,真空度应释放;拆开电磁阀线束插接器,测量电磁阀两端子之间的电阻应为36～44 Ω。若不符合上述要求,应更换控制电磁阀。

二、废气再循环(EGR)控制系统

废气再循环(Exhaust Gas Recirculation,简称EGR),是指在发动机工作时将一部分废气引入进气管,并与新鲜空气混合后吸入气缸内再次进行燃烧的过程。废气再循环是目前用于降低NO_x的一种有效方法,它是通过降低燃烧室的燃烧温度来抑制NO_x的生成的。通常情况下,废气再循环程度用EGR率来表示,其定义如下:

$$EGR率 = \frac{EGR流量}{吸入空气量 + EGR流量}$$

由于废气的主要成分是CO_2、H_2O、N_2等,它们具有较高的比热容,废气与新鲜混合气混合后,热容量增大,可降低最高燃烧温度;同时再循环的废气对新鲜混合气的稀释也相应地降低了氧的浓度,从而使NO_x在燃烧过程中的生成量受到抑制。

有资料表明,当EGR率达到15%时,NO_x的排放量即可减少60%。但EGR率增加过多时,会使发动机动力性能下降,HC含量上升。因此,利用ECU来控制EGR率,既能使NO_x含量有效降低,又可保证发动机的动力性。

一般机械式控制装置的EGR率(一般为5%～15%)较小,即使采用能进行比较复杂控制的机械式控制装置,控制的自由也有所限制。废气再循环电子控制系统不仅结构简单,而且可进行较大EGR率(15%～20%)的控制。另外,随着EGR率的增加,燃烧将变得相对不稳定,缺火严重,油耗上升,HC 的排放量也增加。因此,当燃烧恶化时,应减小 EGR 率,甚至完全停止 EGR。EGR 电子控制系统的主要功能就是选择 NO_x 排放量高的发动机运转范围,进行适量 EGR 率控制。

1. 普通 EGR 控制系统

普通 EGR 控制系统如图 6-37 所示,主要由 EGR 阀、EGR 电磁阀、节气门位置传感器、曲轴位置传感器、ECU、冷却液温度传感器和启动信号等组成。

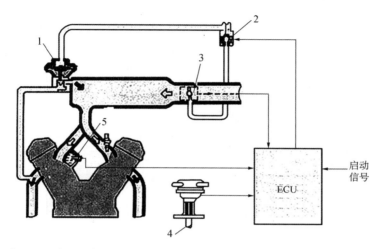

1—EGR 阀;2—EGR 电磁阀;3—节气门位置传感器;4—曲轴位置传感器;5—冷却液温度传感器

图 6-37 普通 EGR 控制系统

其工作原理为:在发动机工作时,ECU 根据点火开关、曲轴位置、水温和节气门位置等传感器的输出信号,确定发动机运行工况,并同时输出指令,控制 EGR 电磁阀电磁线圈的导通与截止,并利用进气管的真空来控制 EGR 阀开启或闭合动作,使废气再循环进行或停止。

其具体的工作过程见表 6-1。在表中所列的各种工况下,当 ECU 向 EGR 电磁阀发出"接通"信号时,EGR 电磁阀被接通(ON),其阀门关闭,切断了控制 EGR 阀膜片室的真空通道,使废气再循环系统不起作用。反之,当 EGR 电磁阀断开(OFF)时,其阀门打开,通往控制 EGR 阀膜片室的真空通道打开,废气再循环系统再次起作用。

表 6-1 废气再循环的工作过程

工况	EGR 电磁阀	废气再循环系统
发动机启动时	ON(EGR 电磁阀接通,阀门关闭)	不起作用
节气门位置传感器的怠速触点接通		
发动机温度低时		
发动机转速低于 900 r/min		
发动机转速高于 3 200 r/min		
除以上工况外	OFF(电磁阀断开,阀门打开)	起作用

2. 可变EGR率废气再循环控制系统

可变EGR率废气再循环控制系统如图6-38所示。该系统主要由EGR阀、EGR电磁阀、ECU及各类传感器等组成。

EGR阀内有一膜片,膜片在弹簧及两侧气压的作用下可上下移动,膜片移动时带动其下方的锥形阀同时移动,将阀门关闭或打开。当阀门打开时,EGR阀将排气管和进气管连通,有废气从排气管中流入。此外,EGR阀阀门的开启高度由EGR电磁阀来控制。

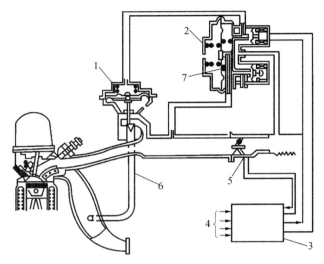

1—EGR阀;2—EGR电磁阀;3—ECU;
4—传感器输入信号;5—节气门传感器;6—EGR管路;7—定压室

图6-38 可变EGR率废气再循环控制系统

EGR电磁阀有三个通气口。当EGR电磁阀线圈不通电时,弹簧将阀体向上压紧,通大气口被关闭,进气歧管与EGR阀真空室相通;当线圈通电时,产生的电磁力使阀体下移,将通进气歧管的真空通道关闭,而上端的通大气阀口打开,于是就使EGR阀的真空室与大气相通。

通过控制EGR电磁阀相对通电时间来控制EGR阀膜片室的真空度,进而改变EGR阀的开启高度,以此调节EGR率。占空比越大,则电磁线圈通电相对时间越长,膜片室的真空度越小,EGR阀开启高度越小,进入气缸中的废气越少,EGR率越低。因此,ECU只要控制施加在EGR电磁阀电磁线圈上脉冲电压的占空比,就可实现对EGR率的控制。

3. 闭环控制式废气再循环控制系统

(1) 带EGR位置传感器的废气再循环控制系统。

带EGR位置传感器的废气再循环控制系统如图6-39所示。EGR阀位置传感器检测EGR阀的实际位置,与ECU确定的目标位置比较,修正EGR电磁阀的控制信号。

(2) 带EGR率传感器的EGR系统。

EGR率传感器安装于稳压箱(进气总管)上,如图6-40所示,它可利用测量混合气中的氧气浓度来检测混合气的EGR率,并将其检测信号反馈给ECU,ECU依据此信号发出控制指令,不断调整EGR阀的开启高度,以此控制混合气中的EGR率,使其始终保持在最佳状态。

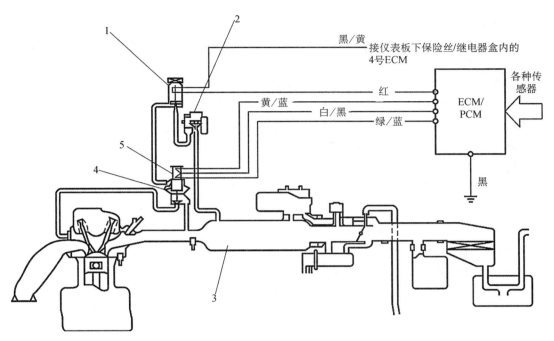

1—EGR 电磁阀；2—EGR 阀；3—进气歧管；4—EGR；5—EGR 阀位置传感器

图 6-39 带 EGR 位置传感器的废气再循环控制系统

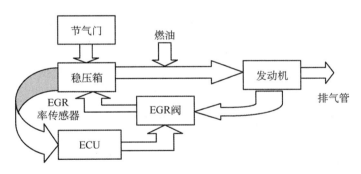

图 6-40 带 EGR 率传感器的 EGR 系统

4. 废气再循环系统的检修

废气再循环系统产生故障时，车辆会出现排气污染增加、发动机功率下降、怠速运转不稳定甚至熄火等故障现象。废气再循环系统常见的故障有 EGR 阀损坏、EGR 阀位置传感器工作不正常、EGR 电磁阀及其控制电路工作不良等。

（1）废气再循环控制系统的初步检查。

对于废气再循环控制系统，应首先检查其真空软管有无破损，接头处有无松动、漏气等。若这些部位正常，再做进一步检查。

（2）废气再循环控制系统的就车检查。

① 启动发动机，使发动机怠速运转。

② 将手指按在 EGR 阀上，如图 6-41 所示，检查 EGR 阀有

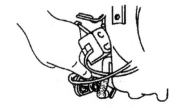

图 6-41 EGR 阀检查

无动作。

③ 在冷车状态下踩下加速踏板,使发动机转速升至 2 000 r/min 左右,此时手指应感觉不到 EGR 阀膜片动作(EGR 阀不工作)。

④ 在发动机热车(冷却液温度高于 50 ℃)后再踩下加速踏板,使发动机转速上升至 2 000 r/min 左右,此时手指应能感觉到 EGR 阀膜片动作(EGR 阀开启)。

若 EGR 阀不能按上述规律动作,则废气再循环控制系统工作不正常。

(3) EGR 电磁阀的检查。

① 关闭点火开关,拔下 EGR 电磁阀线束插接器,用多用表欧姆挡测量电磁阀电磁线圈的电阻,其电阻值应符合规定;否则,应更换 EGR 电磁阀。

② 拔下与 EGR 电磁阀相连的各真空软管,从发动机上拆下 EGR 电磁阀。

③ EGR 电磁阀不通电时,从通进气管侧插头吹入空气应畅通,从进气的滤网处吹入空气应不通。当给 EGR 电磁阀接通蓄电池电源电压时,吹气通畅情况应与上述相反。若不符合上述要求,应更换 EGR 电磁阀。

(4) EGR 阀的检查。

用手动真空泵给 EGR 阀膜片上方施加约 15 kPa 的真空度时,EGR 阀应能开启;不施加真空度时,EGR 阀应能完全关闭。若不符合上述要求,应更换 EGR 阀。

三、三元催化转化器

1. 功能

发动机的 HC、CO 和 NO_x 排放物在温度高于 1 000 ℃ 时可以很容易变成无害气体。然而,在排气系统中想要维持这么高的温度是不可能的。含有铂(Pt)、钯(Pd)或铑(Rh)等贵金属的催化剂可以在低得多的温度(300 ℃~900 ℃)下将这些排放物转化。这些贵金属在不改变自身的情况下可加快排气中的化学反应速率,如图 6-42 所示。

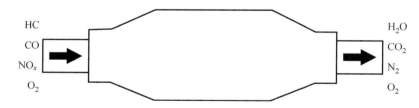

图 6-42 三元催化转化器内部的化学反应

2. 结构和基本工作原理

催化转化器可分为颗粒型和整块型,如图 6-43 和图 6-44 所示。颗粒型催化转化器内含 10~20 万个小颗粒。整块型催化转化器内含表面积大约有 10 个足球场大的整体蜂窝块。蜂窝块可由金属或陶瓷制作,金属可以是含铁、铬或铝的合金,一种称为本青石的材料可用来制造陶瓷蜂窝块。金属或陶瓷蜂窝块表面覆盖一层氧化铝。

在颗粒型催化转化器中,以氧化铝作为制造颗粒催化材料的载体。所用氧化铝是三氧化二铝,可以以多种相态存在,热稳定性高且具有很大的表面积。这种氧化铝非常疏松,材料本身有很多被称为微孔的小孔;氧化铝烧结后留下的空间称为宏孔,当氧化铝的温度达到

1 000 ℃～1 300 ℃时，它变成表面积很小的相。贵金属铂、钯和铑渗入氧化铝的微孔和宏孔。非贵金属如铈(Ce)和铁(Fe)也被分散到氧化铝中，以防止氧化铝收缩并阻止贵金属形成合金。这些非贵金属还可以依据空燃比不同快速地化学吸收 O_2 和 CO。

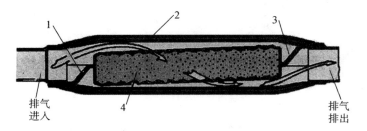

1,3—隔板；2—催化转化器壳体；4—催化剂覆盖的颗粒

图 6-43　颗粒型催化转化器

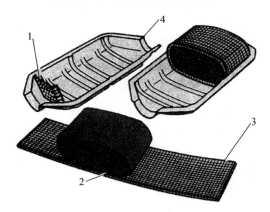

1—扩散板；2—陶瓷体；3—钢网敷层；4—转化器壳体

图 6-44　整块型催化转化器

目前车用催化剂载体绝大多数采用蜂窝状陶瓷载体，陶瓷载体每平方英寸含 400～1 200 个孔，这些孔贯通于整个载体。在每个孔的内表面涂有一层非常疏松的三氧化二铝涂层，其粗糙多孔的表面可使壁面实际催化反应表面积扩大 7 000 倍左右。在涂层表面散布着贵金属催化剂(铂、铑和钯等)。

现代汽车普遍在发动机排气总管后加装三元催化转化器(图 6-45)，其中的催化剂是铂和铑的混合物。铂能促使排气中的有害成分 CO、HC 氧化成 CO_2 和 H_2O，铑能加速有害气体 NO 还原成 N_2 和 O_2，从而起到净化排气的作用。催化剂的表面活性作用是利用排气本身的热量激发的，其使用温度范围以活化开始温度为下限，以过热引起催化转化器故障的极限温度为上限。一般排气中有害成分开始转化的温度需超过 250 ℃，发动机启动预热 5 min 后，才能达到此下限温度。一旦活化开始，催化床便因反应放热而自动地保持高温。保持催化转化器高净化率、高使用寿命的理想运行条件的使用温度为 400 ℃～800 ℃，使用温度的上限为 1 000 ℃。当超过此温度后，催化剂过热会使老化加快，以至于完全丧失催化功能。另外，催化转化器也经常受到排气中的铅化物、碳烟和焦油等的破坏，因此，为了提高催化转化器的使用寿命，应使用无铅汽油。

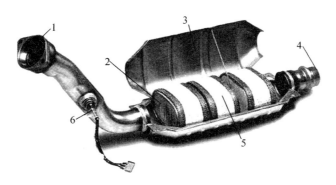

1—高排放的燃烧废气；2—带催化剂的陶瓷体；3—壳体；
4—低排放的燃烧废气；5—三元催化转化器；6—氧传感器

图 6-45　三元催化转化器结构

当空燃比为标准的理论空燃比（14.7）时，三元催化转化器的转化效率可达 90% 以上。因此，装备三元催化转化器的发动机必须采用氧传感器对空燃比进行反馈控制，将空燃比精确控制在 14.7 附近。

为了把污染（CO、HC 和 NO_x）减少到最低程度，λ 传感器被安装到系统中，用于检测尾气排放中的含氧量。当氧传感器输出的信号送给 ECU 时，ECU 通过计算和对比，用来调整空燃混合比，从而保证催化转化器处于最佳工作状态。

3. 使用注意事项

装有氧传感器和三元催化转化装置的汽车，禁止使用含铅汽油，防止催化剂因"铅中毒"而失效；三元催化转化器固定不牢或汽车在不平路面上行驶时的颠簸，容易导致转化器中的催化剂载体损坏；装用整块型转化器的汽车，一般汽车每行驶 80 000 km 应更换转化器芯体；装用颗粒型催化转化器的汽车，催化剂的重量低于规定值时，应全部更换。

四、二次空气供给系统

1. 二次空气供给系统的功能

在一定工况下，将新鲜空气送入排气管，促使废气中的 CO 和 HC 进一步氧化，从而降低 CO 和 HC 的排放量，同时加快三元催化转化器的升温。

2. 二次空气供给系统的组成与工作原理

电控二次空气供给系统如图 6-46 所示。

二次空气控制阀由舌簧阀和膜片阀组成，来自空气滤清器的二次空气进入排气管的通道受膜片阀控制，膜片阀的开闭由进气歧管的真空度驱动，其真空通道由 ECU 通过电磁阀控制。装在二次空气控制阀中的舌簧阀是一个单向阀，主要用来防止排气管中的废气倒流。

点火开关接通后，蓄电池即向二次空气电磁阀供电，ECU 控制电磁阀搭铁回路。电磁阀不通电时，关闭通向膜片阀真空室的真空通道，膜片阀弹簧推动膜片下移，关闭二次空气供给通道，不允许向排气管内提供二次空气；ECU 给电磁阀通电，电磁阀开启膜片阀真空室的真空通道，进气歧管真空度将膜片阀吸起，来自空气滤清器的二次空气进入排气管二次空

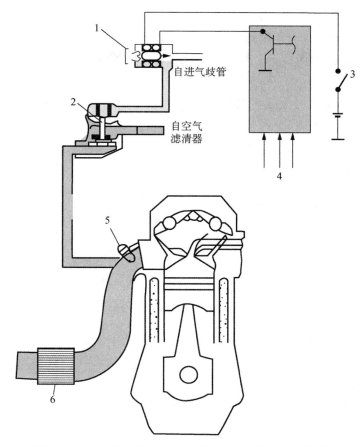

1—二次空气电磁阀；2—二次空气控制阀；3—点火开关；4—传感器；5—氧传感器；6—催化转化器

图 6-46 电控二次空气供给系统

气控制阀的膜片阀与舌簧阀之间，排气管内的脉动真空吸开舌簧阀，使二次空气进入排气管。有些发动机的二次空气供给系统利用空气泵将新鲜空气强制送入排气管。在下列情况下 ECU 不给二次空气电磁阀通电：

(1) 电控燃油喷射系统进入闭环控制。
(2) 冷却液温度超过规定范围。
(3) 发动机转速和负荷超过规定值。
(4) 发现 ECU 有故障。

3. 二次空气供给系统的检修

(1) 发动机低温启动后，拆下空气滤清器盖，应能听到舌簧阀发出的"嗡嗡"声。

(2) 从空气滤清器上拆下二次空气供给软管，用手指盖住软管口检查，应符合下列要求：发动机温度在 18 ℃～63 ℃ 范围内急速运转时，有真空吸力；发动机温度在 63 ℃ 以上时，启动后 70 s 内应有真空吸力，启动 70 s 后应无真空吸力；发动机转速从 4 000 r/min 急减速时，应有真空吸力。

(3) 拆下二次空气控制阀，从空气滤清器侧软管插头吹入空气应不漏气；用手动真空泵从真空管接头施加 20 kPa 真空度，从空气滤清器侧软管插头吹入空气应畅通。若不符合上述要求,说明膜片阀工作不良,应检修或更换。用手动真空泵从真空管插头施加 20 kPa 真空度,从排气管插头吹入空气应不漏气,否则说明舌簧阀密封不良,应更换。

(4) 二次空气电磁阀的检查。测量电磁阀电阻,一般应为 36～44 Ω;拆开二次空气电磁阀上的软管,电磁阀不通电时,从进气管侧软管插头吹入空气应不通,从通大气的滤网处吹入空气应畅通。当给电磁阀接通蓄电池电源电压时,吹气通畅情况应与上述相反。若不符合上述要求,应更换电磁阀。

任务工单　排放控制系统认知

学生姓名		班级		学号	
实训场地		学时		日期	

一、任务计划

请根据任务要求,确定所需要的场地和物品,并对小组成员进行合理分工,制订详细的工作计划。

1. 场地及物品准备

检查及记录完成任务需要的场地、设备、工具及材料。

(1) 场地。

检查工作场地是否清洁,是否存在安全隐患,如不正常,请汇报教师并及时处理。

记录:

(2) 车辆、总成、工件。

车辆:

其他:

(3) 设备及工具。

防护装备:

设备及工具:

(4) 材料。

材料:

(5) 安全要求及注意事项。

① 实训汽车停在实训工位上,没有经过教师批准不准启动。经教师批准启动后,首先应检查车轮的安全顶块是否放好,汽车手制动是否拉好,排挡杆是否放在 P 挡(A/T)或空挡(M/T),车前是否有人。

② 发动机运行时不能把手伸入,防止造成意外事故。

③ 没有经过教师批准不允许随意连接或拔下电控元器件。

④ 点火开关接通时,不允许连接或拔下电控系统元器件的接插件。

⑤ 蓄电池的极性不能接反,否则将烧毁 ECU 与电子元器件。
⑥ 禁止使用启动电源辅助启动发动机,防止损坏电控系统元件。

2. 小组成员及分工

你所在小组成员:

你所负责的工作:

3. 操作流程

根据任务,小组进行讨论,确定工作计划(流程/工序),并记录。

(1) 查看丰田卡罗拉轿车发动机都装备了哪些排放控制系统,并找出元件位置。

步骤1:

步骤2:

步骤3:

步骤4:

步骤5:

(2) 查看桑塔纳 3000 轿车发动机都装备了哪些排放控制系统,并找出元件位置。

步骤1:

步骤2:

步骤3:

步骤4:

步骤5:

二、任务实施

根据制订的计划实施,完成以下任务并记录。

(1) 查看丰田卡罗拉和桑塔纳 3000 轿车发动机都装备了哪些排放控制系统。

① 关闭发动机。

② 打开发动机舱盖。

③ 查看发动机并填写下表(在相应的空格内打钩)。

车辆	系统						
	废气再循环系统	二次空气供给系统	曲轴箱强制通风系统	燃油蒸气排放系统	三元催化系统	可变正时	可变进气道
卡罗拉							
桑塔纳 3000							

(2) 在下图框内填写部件名称,并将部件在丰田卡罗拉轿车中找出。

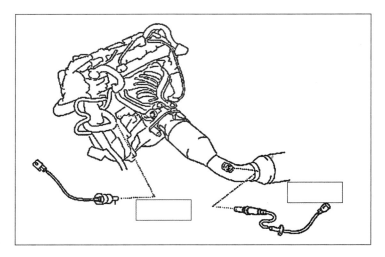

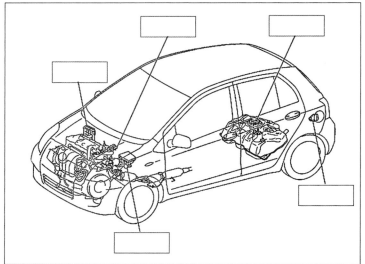

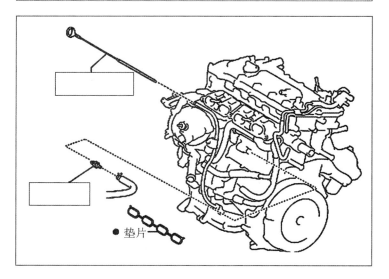

● 垫片

三、任务检查

根据任务完成情况,学生根据下表自我评分,教师或指定组长在过程巡视或验收检查时,发现问题直接扣分,并在备注栏签名。

技能考核标准表

序号	项目	操作内容	标准分	实际评分	备注
1	任务准备 (10分)	场地准备	2		
		车辆/总成/工件准备	2		
		设备/工具准备	2		
		材料准备	2		
		仪容仪表/精神面貌准备	2		
2	实施过程 (30分)	卡罗拉排放系统认知	15		
		桑塔纳3000排放系统认知	15		
3	完成质量 (20分)	查找准确	10		
		填写正确	10		
4	完成时间 (10分)	90 min	10		
5	安全操作 (20分)	个人防护	5		
		设备安全	5		
		人员安全	5		
		场地安全	5		
6	5S工作 (10分)	场地清洁	5		
		设备/工具/材料归位 电源/气源关闭	5		
	总 分		100		

四、任务评估

1. 自我评价及反馈

(1) 通过本任务的学习,对照本任务的学习目标,你认为你的掌握情况如何?

知识目标:(   )

A. 掌握　　　　　　B. 部分掌握　　　　　C. 未掌握

说明:

技能目标:(   )

A. 掌握　　　　　　B. 部分掌握　　　　　C. 未掌握

说明:

（2）你是否积极学习，不会的内容积极向别人请教，会的内容积极帮助他人学习？（   ）

A. 积极学习　　　　　　　　　　　　B. 积极请教

C. 积极帮助他人　　　　　　　　　　D. 三者均不积极

（3）工具、设备和零件有没有落地现象发生？有无保持作业现场清洁？（   ）

A. 无掉地且场地清洁　　　　　　　　B. 有颗粒掉地

C. 保持作业现场清洁　　　　　　　　D. 未保持作业现场清洁

（4）实施过程中是否注意操作质量？有无责任心？（   ）

A. 注意质量，有责任心　　　　　　　B. 不注意质量，有责任心

C. 注意质量，无责任心　　　　　　　D. 全无

（5）在操作过程中是否注意清除隐患？在有安全隐患时是否提示其他同学？（   ）

A. 注意，提示　　　　　　　　　　　B. 不注意，未提示

学生签名：　　　　　　　年　　月　　日

2. 教师评价及答复

参照成果展示的得分，学生本次任务成绩(请在□上打√)：

□不合格　□合格　□良好　□优秀

教师签名：　　　　　　　年　　月　　日

项目七 电控汽油机综合故障诊断与排除

项目描述

现代发动机电子控制系统是一个很复杂的机电一体化综合控制系统，在诊断故障时，要系统全面地掌握整个系统的结构、原理和电气线路，同时还要掌握故障诊断的基本方法和步骤。一般来讲，如果要诊断排除一个可能涉及电控系统的发动机故障，应首先像发动机没有电控系统那样，检查引起该种故障的各种原因。如果仪表盘上警告灯点亮，则应按厂家规定的程序调取故障码，进行检查；如果发动机有故障，而警告灯并没有点亮或故障码未显示，此时应像发动机没有电控系统那样，按照基本诊断程序进行检查。否则，本来一个与电控系统无关的简单故障，却去检查传感器、执行器和控制电路，走不必要的弯路，致使故障不能及时排除。

学习目标

1. 知识目标

（1）掌握电控汽油机的故障诊断流程及思路。
（2）掌握电控发动机故障诊断的基本方法。
（3）掌握常见故障的诊断与排除方法。

2. 技能目标

学会使用多用表、示波器、故障诊断仪等检测装置。

任务 故障自诊断系统认知

任务目标

- 掌握发动机故障自诊断系统的工作原理。
- 能够利用解码仪读取故障码和数据流。

任务引入

一辆装备有 AJR 发动机的轿车，车主反映更换节气门体后故障指示灯常亮，需要对发动机电控系统进行检测,确定故障部位。

一、故障自诊断系统的组成

顾名思义,故障自诊断就是电子控制系统自己监测运行情况,诊断系统有无故障。

汽车故障自诊断系统主要由传感器监测电路、执行器监测电路、软件程序、故障诊断通信接口 TDCL 以及各种故障指示灯等组成。传感器与执行器监测电路一般都与各种电控单元设置在同一块印刷电路板上,软件程序存储在各种电控单元内部的专用存储器中。

故障诊断通信接口 TDCL 通常称为故障诊断插座。装备电子控制系统的汽车上都设有故障诊断插座,一般安装在熔断器盒上、仪表盘下方或发动机舱内。在发动机电子控制系统中,一般在发动机舱内还设置有一个故障检查插座,其功用与故障诊断插座相同。设置故障检查插座的目的是便于检修人员在发动机舱盖开启状态下,直接利用故障检查插座来测试发动机电子控制系统有无故障。如果没有故障检查插座,检修人员就必须进入驾驶室利用故障诊断插座进行测试。

二、故障自诊断系统的功能

在汽车运行过程中,各种 ECU 根据不同传感器和控制开关输入的信号,按照预先设定的控制程序进行数学计算和逻辑判断,并向各种执行器发出相应的控制指令,完成不同的控制功能。如果某个传感器或控制开关发生故障,就不能向 ECU 输送正常信号,汽车性能就会变坏甚至导致汽车无法运行。如果执行机构发生故障,那么其监测电路反馈给 ECU 的信号就会出现异常,汽车性能也会变坏甚至导致汽车无法运行。因此,在使用汽车时,一旦接通点火开关,自诊断系统就会投入工作,实时监测各种传感器、控制开关和执行器的工作状态。自诊断系统一旦发现某个传感器或控制开关信号异常,或执行机构监测电路反馈的信号异常,就会立即采取相应措施。

自诊断系统的功能包括三个方面:一是监测控制系统工作情况,一旦发现某个传感器或执行器参数异常,就立即发出报警信号;二是将故障内容编成代码(称为故障代码)存储在 RAM 中,以便维修时调用或供设计参考;三是启用相应的备用功能,使控制系统处于应急状态运行。

1. 发出报警信号

在电子控制系统运转过程中,当某个传感器、控制开关或执行器发生故障时,ECU 将立即接通仪表盘上的故障指示灯电路,使指示灯发亮或闪亮。其目的是提醒驾驶员控制系统出现故障,应立即检修或送修理厂修理,以免故障范围扩大。

各种电子控制系统的故障指示灯均设置在组合仪表盘的透明面膜下面,并在面膜上印制有不同的英文字母、缩写字母或相应的图案。例如,发动机电子控制系统的故障指示灯用 CHECK ENGINE(检查发动机)或 SERVICE ENGINE SOON(立即维修发动机)表示,防抱死制动系统用 ABS 表示,安全气囊系统用 SRS 或 AIR BAG 表示等。

2. 存储故障代码

当自诊断系统发现某个传感器、控制开关或执行器发生故障时，ECU 会将监测到的故障内容以故障代码的形式存储在 RAM 中。只要存储器电源不被切断，故障代码就会一直保存在 RAM 中。即使是汽车在运行中偶尔出现一次故障，自诊断系统也会及时检测到并记录下来。在每一辆汽车的自诊断系统中都设置有一个专用的故障诊断插座（1994 年以后均为 16 端子插座），在诊断排除故障或需要了解电子控制系统的运行参数时，使用制造厂商提供的专用故障检测仪或通过特定的操作方法，就可通过故障诊断插座将存储器中的故障代码和有关参数读出，为查找故障部位、了解系统运行情况和改进控制系统的设计提供依据。

3. 启用备用功能

备用功能又称失效保护功能。当自诊断系统发现某个传感器、控制开关或执行器发生故障时，ECU 将以预先设定的参数取代故障传感器、控制开关或执行器工作，使控制系统继续维持控制功能，汽车进入故障应急状态运行并维持基本的行驶能力，以便将汽车行驶到修理厂修理。电子控制系统的这种功能称为备用功能或失效保护功能。下面以发动机电子控制系统的备用功能为例说明。

在备用功能工作状态下，发动机的性能将受到不同程度的影响。因此，某些车型的发动机自诊断系统还将自动切断空调、音响等辅助电气系统电路，以便减小发动机的工作负荷。

汽车发动机电子控制系统的备用功能主要包括以下几个方面：

（1）冷却液温度传感器电路断路或短路时，ECU 按固定温度值控制喷油器喷油。

当冷却液温度传感器工作正常时，冷却液温度一般设定在 $-30\ ℃\sim120\ ℃$，其输出信号电压在 $0.3\sim4.7\ V$ 范围内变化，如图 7-1 所示。当冷却液温度传感器电路发生短路或断路故障时，其输出的信号电压就会低于 $0.3\ V$ 或高于 $4.7\ V$。ECU 接收到低于 $0.3\ V$ 或高于 $4.7\ V$ 的冷却液温度信号时，自诊断系统就会判定冷却液温度传感器及其电路有短路或断路故障，并立即启用备用功能，按固定温度值控制喷油器喷油。如桑塔纳 2000GSi 及捷达 GT、GTX 型轿车的冷却液温度传感器或其电路发生断路故障时，ECU 一方面控制接通故障指示灯电路使指示灯发亮报警，另一方面将按冷却液温度为 80 ℃ 的工作状态控制喷油器喷油，并将故障内容编成代码存储在 RAM 中，以便检测维修时调用。当冷却液温度传感器或其电路发生短路故障时，ECU 一方面控制接通故障指示灯电路使指示灯发亮报警，另一方面将按冷却液温度为 19.5 ℃ 的工作状态控制喷油器喷油，并将故障内容编成代码存储在 RAM 中，以便检测维修时调用。

（2）当进气温度传感器或其电路断路或短路时，ECU 将按进气温度为 20 ℃ 的工作状态控制喷油器喷油。

（3）当空气流量计或进气歧管绝对压力传感器电路断路或短路时，ECU 将按节气门位置传感器信号以三种固定的喷油量控制喷油器喷油。当节气门位置传感器（桑塔纳 2000GSi 及捷达 GT、GTX 型轿车为节气门控制组件）的怠速触点闭合时，以固定的怠速喷油量控制喷油；当怠速触点断开、节气门尚未全开时，以固定的小负荷喷油量控制喷油；当节气门全开或接近全开时，以固定的大负荷喷油量控制喷油。

（4）当节气门位置传感器电路断路或短路时，ECU 将根据发动机转速信号和空气流量

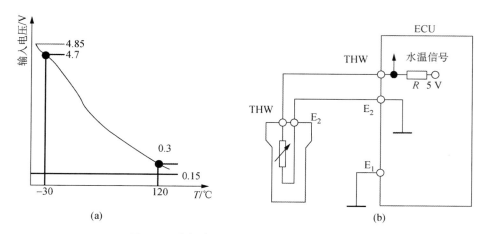

图 7-1 冷却液温度传感器 CTS 自诊断电路

计信号计算出一个替代值来控制喷油器喷油。

（5）当大气压力传感器电路断路或短路时，ECU 将按 101 kPa（1 个标准大气压）控制喷油器喷油。

（6）当氧传感器电路断路、短路、输出信号电压保持不变或每 10 s 变化低于 8 次时，ECU 将取消空燃比反馈控制，并以开环控制方式控制喷油器喷油。

（7）当曲轴位置传感器电路断路或短路时，由于 ECU 接收不到曲轴转速与转角信号，因此无法控制点火时刻和喷油时刻，即不能实施失效保护，发动机将无法运转。

（8）当执行器（如喷油器、点火控制器和怠速控制阀等）出现故障时，有的故障能被 ECU 检测出来，有的则不能检测出来，具体情况因车型的控制软件和硬件设计而异。例如，当桑塔纳 2000GSi 及捷达 GT、GTX 型轿车节气门控制组件内的怠速节气门电位计信号中断时，控制组件利用应急弹簧将节气门拉开到规定开度，使怠速转速升高而进入应急状态运行。

监控执行器故障一般都设有专用监测电路，监测点火器的自诊断电路如图 7-2 所示。

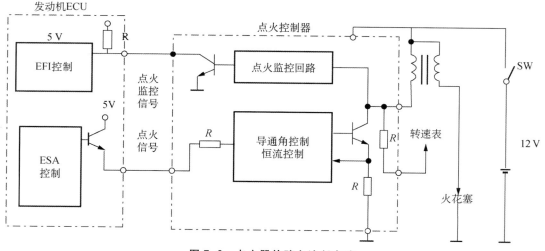

图 7-2 点火器故障自诊断电路

当发动机转速变化时,ECU发出与转速同步变化的点火脉冲控制指令,点火控制器内部功率管导通与截止的频率随发动机转速变化而同步变化,点火监控电路将从功率管的集电极接收到高、低电平且交替变化的同步信号。

当发动机运转而点火线圈初级电路一直接通或一直断开时,监控电路就接收不到交替变化的信号,反馈到ECU的监控信号将保持高电平或低电平不变。当ECU连续发出6个点火脉冲控制指令而点火监控反馈信号仍保持不变时,ECU就会判定点火系统发生故障,立即发出控制指令使喷油器停止喷油,并将故障内容编成代码存储在随机存储器RAM中,以便检测维修时调用。

三、自诊断测试

1. 自诊断测试方法

自诊断测试是指利用专用故障检测仪与车载ECU进行通信,或按照特定的操作方式触发车载ECU的控制程序运行,以便读取故障代码、清除故障代码、读取车载ECU内部的控制参数、检测各种传感器和执行器的工作状态及其控制电路是否正常等。

汽车各种电子控制系统有无故障,可以通过自诊断测试进行诊断。根据发动机工作状态不同,自诊断测试方式分为静态测试和动态测试两种。

静态测试简称KOEO(Key ON Engine OFF)方式,即在点火开关接通、发动机不运转的情况下进行诊断测试,主要用于读取或清除故障代码。

动态测试简称KOER(Key ON Engine Run)方式,即在点火开关接通、发动机运转的情况下进行诊断测试,主要用于读取或清除故障代码、检测传感器或执行器工作情况及其控制电路是否良好以及与车载ECU进行数据通信等。

2. 自诊断测试内容

(1) 读取故障代码。

读取故障代码是诊断汽车电子控制系统故障最常用的自诊断测试方法。汽车在使用过程中,只要蓄电池正极柱和负极柱上的电缆端子未曾拆下,ECU中存储的故障代码就能长期保存。将故障代码从ECU中读出,即可知道故障部位或故障原因,为诊断排除故障提供依据。

读取故障代码的方法有两种:一种是利用故障检测仪读取,另一种是利用特定的操作方法读取。

(2) 数据传输。

当发动机运转时,利用故障检测仪将车载ECU内部的控制参数和计算结果等数值以数据表和串行输出方式在检测仪屏幕上一一显示出来的过程称为数据传输,通常称为"数据通信"或"读取数据流"。

通过数据传输,各种传感器输出信号电压的瞬时值、ECU内部的计算与判断结果、各执行器的控制信号都能一目了然地显示在检测仪屏幕上。根据发动机运转状态和传输数据的变化情况,即可判断控制系统工作是否正常。将特定工况下的传输数据与标准数据进行比较,就能准确判断故障类型和故障部位。

(3) 监控执行器。

在发动机熄火状态下或运转过程中,通过故障检测仪向执行器发出强制驱动或强制停止指令来监测执行器动作情况,可以判定执行器及其控制电路有无故障。例如,在发动机熄火状态下,控制电动燃油泵运转、控制某个电磁阀或继电器(如冷却风扇继电器、空调压缩机继电器等)工作和控制某个喷油器喷油等。当发出相应的控制指令后,如燃油泵不转(听不到运转声音)、电磁阀不工作(用手触摸时没有振动感)、冷却风扇或空调压缩机不转动,说明该执行器或其控制电路有故障。

在发动机运转状态下,如果发出控制某个喷油器停止喷油的指令后,用手触摸该喷油器仍有振动感或发动机转速不降低,说明其控制电路有故障。当控制模式设定为闭环控制模式时,系统将对空燃比(A/F)实施闭环控制,氧传感器信号将发挥作用。如果检测仪屏幕上表示发动机混合气浓度的红色指示灯(混合气浓)与绿色指示灯(混合气稀)交替闪亮,说明闭环控制系统正常;如果红色指示灯常亮不闪或绿色指示灯常亮不闪,说明氧传感器失效。

四、故障诊断与检修常用的工具仪器

(1) 跨接线。

跨接线是主要用于电路故障诊断的一段专用导线,不同形式的跨接线主要是其长短和两端接头不同。跨接线两端的接头一般是不同形式的插头或鳄鱼夹,以适应不同位置的跨接。

(2) 测试灯。

测试灯主要用来检查电控元件电路的通断,根据指示灯亮度判断被测电路的电压高低。

(3) 多用表。

多用表主要用来测量电阻、电压、电流等参数,以此判断电路的通断和电控元件的技术状况。

(4) 燃油压力表。

燃油压力表是用来测量燃油供给系统燃油压力的专用工具,是对燃油系统进行检查和故障诊断的常用工具。使用时注意选择量程与被测系统压力范围相适应的燃油压力表。

(5) 喷油器清洗机。

喷油器清洗机可用来清洗和检查喷油器,可分为便携式和固定式两种类型。便携式免拆洗喷油器清洗机无须拆卸,使用方便,但没有测试功能。固定式超声波喷油器清洗机一般除可用来清洗喷油器外,还具有喷油器滴漏检查和喷油量检查功能。

(6) 故障诊断仪。

功能:快速、方便地读取或清除故障码;对发动机控制系统进行动态测试,显示瞬时信息,为诊断故障提供依据;能在静态或动态下向电控系统各执行元件发出检修作业需要的动作指令,以便检查执行元件的工作状况;在车辆运行或路试时监测并记录数据流;具有示波器功能、多用表功能和打印功能;有些诊断仪能显示系统控制电路图和维修指导,以供故障诊断和检修时参考。

(7) 示波器。

示波器主要用来显示控制系统中输入、输出信号的电压波形,以供维修人员根据波形分

析判断电控系统故障。

五、汽油机电控系统故障诊断的原则与一般程序

1. 汽油机电控系统故障诊断的原则

如果要诊断排除一个可能涉及电控燃油喷射系统的汽油机故障,首先应判断故障是否与电控燃油喷射系统有关。如果发现汽油机有故障,而故障指示灯未亮,这种情况一般与电控燃油喷射系统无关。

2. 汽油机电控系统故障诊断的一般程序

对于电控汽车故障的诊断与排除,一般要经过询问、查阅资料、直观检查和调取故障码等程序来进行。

(1) 询问。

向车主调查故障产生的时间、症状、情况、条件、如何产生、是否已检修过、动过什么部位。

(2) 查阅资料。

在对汽车进行检测前,一定要掌握该车的有关数据、所要检查部件的准确位置、接线图、接线和检测方法以及检测仪器的使用。

(3) 直观检查。

这是故障分析最基本的检查,可以确定前面对故障的估计是否正确。其内容包括以下几个方面:

看:看是否有部件丢失,电线是否脱线,接线器是否接合,有无接错线,以及各种软管的连接状况等。

听:启动发动机,听是否有漏气、杂音,可能产生故障的部件能否正常工作等。

摸:通过触摸检查某些部件是否正常工作,接线是否牢固,软管是否断裂等。

闻:有些故障出现后,会产生比较特殊的气味,据此可比较准确地判断故障部位。例如,发动机烧机油时会产生烧机油味,混合气过浓时排气中会有燃油味,传动带打滑后会产生焦煳味,导线过热会有胶皮味,橡胶及塑料过热后会发出焦煳橡胶味、焦煳塑料味等。

试:通过对发动机及总成进行不同工况的模拟试验,模拟再现并确认故障现象,以便进一步判断故障部位及原因。

比:根据经验将故障车的种种现象与完好车进行比较,或用同一型号的正常车与故障车对比,或用正常总成或零件替代怀疑有故障的总成或零件,比较更换前后的差异,以此判断故障所在。

想:对已确认的故障现象,结合故障部位零部件的工作原理、工作条件进行综合分析,根据不同故障的特点和规律进行认真鉴别,得出准确的故障原因。

(4) 基本检查。

基本检查主要包括基本怠速和基本点火正时的检查与调整。在进行基本检查时,必须使发动机冷却液温度达到正常工作温度(约80 ℃以上),同时关闭车上所有附加电器装置,如空调、除霜装置等。还应在散热器风扇未动作时执行检查与调整,以免风扇动作消耗电源,影响怠速的正确性。

(5) 调取故障码。

按照该车所要求的操作程序进入自诊断状态调取故障码,以作为故障判断的依据。

(6) 检测。

只有在进行检测后才能最终判定故障的位置并找到产生故障的原因。检测的内容包括信号检测、数据检测、压力检测和执行器动作检测等。

(7) 验证。

验证故障是否已经排除。

任务工单　控制单元及其故障诊断

学生姓名		班级		学号	
实训场地		学时		日期	

一、任务计划

请根据任务要求,确定所需要的场地和物品,并对小组成员进行合理分工,制订详细的工作计划。

1. 场地及物品准备

检查及记录完成任务需要的场地、设备、工具及材料。

(1) 场地。

检查工作场地是否清洁,是否存在安全隐患,如不正常,请汇报教师并及时处理。

记录:

(2) 车辆、总成、工件。

车辆:

其他:

(3) 设备及工具。

防护装备:

设备及工具:

(4) 材料。

材料:

(5) 安全要求及注意事项。

① 实训汽车停在实训工位上,没有经过教师批准不准启动。经教师批准启动后,首先应检查车轮的安全顶块是否放好,汽车手制动是否拉好,排挡杆是否放在 P 挡(A/T)或空挡(M/T),车前是否有人。

② 发动机运行时不能把手伸入,防止造成意外事故。

③ 没有经过教师批准不允许随意连接或拔下电控元器件。

④ 点火开关接通时,不允许连接或拔下电控系统元器件的接插件。
⑤ 蓄电池的极性不能接反,否则将烧毁ECU与电子元器件。
⑥ 禁止使用启动电源辅助启动发动机,防止损坏电控系统元件。

2. 小组成员及分工

你所在小组成员:

你所负责的工作:

3. 操作流程

根据任务,小组进行讨论,确定工作计划(流程/工序),并记录。

发动机电控单元故障诊断:

步骤1:

步骤2:

步骤3:

步骤4:

步骤5:

步骤6:

步骤7:

二、任务实施

根据制订的计划实施,完成以下任务并记录。

提示:教师事先设置故障。

1. 诊断仪器功能判断

诊断仪器无法与ECM通信,故障原因可能是:仪器故障、操作错误、ECM及线路故障。

故障原因:

处理方法:

2. 发动机控制模块电源及搭铁检测

ECM 电源是否正常: 处理方法:

ECM 搭铁是否正常: 处理方法:

3. 诊断座的检测

电压信号 L

端子	端子含义	标准值	实测值	结论
4				
5				
6				
7				
14				
16				

CAN 终端电阻:端子 4—14 号
标准值:
实测值:
结论:

三、任务检查

根据任务完成情况,学生根据下表自我评分,教师或指定组长在过程巡视或验收检查时,发现问题直接扣分,并在备注栏签名。

技能考核标准表

序号	项目	操作内容	标准分	实际评分	备注
1	任务准备 (10分)	场地准备	2		
		车辆/总成/工件准备	2		
		设备/工具准备	2		
		材料准备	2		
		仪容仪表/精神面貌准备	2		
2	实施过程 (30分)	诊断仪器功能判断	5		
		ECM 电源和搭铁检测	5		
		诊断座电源和搭铁检测	5		
		通信线路 K 线检测	5		
		CAN H L 检测	5		
		终端电阻检测	5		
3	完成质量 (20分)	测量数据准确	10		
		排除故障	10		
4	完成时间 (10分)	90 min	10		
5	安全操作 (20分)	个人防护	5		
		设备安全	5		
		人员安全	5		
		场地安全	5		
6	5S 工作 (10分)	场地清洁	5		
		设备/工具/材料归位 电源/气源关闭	5		
	总 分		100		

四、任务评估

1. 自我评价及反馈

（1）通过本任务的学习，对照本任务的学习目标，你认为你的掌握情况如何？

知识目标：（　　）

　　A. 掌握　　　　　　B. 部分掌握　　　　　C. 未掌握

说明：

技能目标：（　　）

　　A. 掌握　　　　　　B. 部分掌握　　　　　C. 未掌握

说明：

（2）你是否积极学习，不会的内容积极向别人请教，会的内容积极帮助他人学习？（　　　）

　　A. 积极学习　　　　　　　　　　　　B. 积极请教

　　C. 积极帮助他人　　　　　　　　　　D. 三者均不积极

（3）工具、设备和零件有没有落地现象发生？有无保持作业现场清洁？（　　　）

　　A. 无掉地且场地清洁　　　　　　　　B. 有颗粒掉地

　　C. 保持作业现场清洁　　　　　　　　D. 未保持作业现场清洁

（4）实施过程中是否注意操作质量？有无责任心？（　　　）

　　A. 注意质量，有责任心　　　　　　　B. 不注意质量，有责任心

　　C. 注意质量，无责任心　　　　　　　D. 全无

（5）在操作过程中是否注意清除隐患？在有安全隐患时是否提示其他同学？（　　　）

　　A. 注意，提示　　　　　　　　　　　B. 不注意，未提示

学生签名：　　　　　　年　　月　　日

2. 教师评价及答复

参照成果展示的得分，学生本次任务成绩（请在□上打✓）：

　　□不合格　□合格　□良好　□优秀

教师签名：　　　　　　年　　月　　日